역사를 움직인 중국 여성들

차례

Contents

들어가며

"여자가 된다는 것은 복종하는 것을 의미한다." "제주 없는 여인이 덕스럽다." "여자는 닭하고 혼인하면 닭이 되고, 개하고 혼인하면 개가 된다." 이 같은 중국 옛 속담이나 글귀에서 보듯이 3,000여 년 간 중국 여성들은 유교적 종법 질서나 삼종지도에 얽매여 보잘것없는 존재에 불과했다. 그러나 이러한 범주에서 벗어난 여성들이 있었다. 전근대에는 바로 황제 가까이서 권력을 장악한 황실 여성들이었고, 근대 이후에는 5·4 운동 이후의 혁명사조 속에 여성해방운동을 부르짖은 혁명적 여성 선구자들이었다.

중국의 긴 역사 속에는 무수히 많은 여성들이 이름을 남겼다. 여후(呂后), 왕소군, 반소, 화목란(花란), 풍태후, 문성공주, 측천무후, 양귀비, 이청조, 마황후, 효장태후, 서태후, 추근, 하향응, 송경령, 향경여, 허광평, 채창, 등영초, 송미령, 정령, 강극청, 강청 등 잠깐 들추어 보아도 알 만한 이름들로 가득하다. 그녀들이 중국 역사에서 긍정적인 역할을 했든지 부정적인 역할을 했든지 간에 동양 유교사회의 남존여비 풍습과 상황 속에서도 여전히 인구(人口)에 회자하고 있음은 그만한 역사적 의의와 가치를 가지고 있기 때문일 것이다. 그래서 '역사를 움직인 중국 여성들'이란 제목으로 중국사 속의 흥미진진한 여인 이야기들을 살펴보기로 했다. 문고판이라는 책의 성격상 한정된 지면 속에서 모두 서술할 수는 없기 때문에 부득이 필자 재량으로 집필 대상을 선별할 수밖에 없었으며, 내용도 축약할 수밖에 없었다.

이들 중에서 여태후, 풍태후, 측천무후, 서태후 등은 황제의 아내 또는 어머니인 황후나 태후로서 최대의 권력을 쥐고 흔들며 인륜에 어긋나는 잔혹한 역할과 통치 수완을 함께 보인 여걸들이다. 그런데 이들 중 특이한 여성이 있다. 바로 권력의 정점에 있으면서도 전혀 권력을 휘두르지 않고, 권력을 남용하는 남편인 명 태조 주원장을 보필하며 현명한 내조를 한 현모양처의 전형인 마황후였다.

근대 이후로는 마치 여전사처럼 정치적 혁명과 여성해방

운동을 함께 전개하고자 한 추근, 하향응, 허광평, 등영초, 강극청 등을 조명해 보았다. 그리고 송경령, 송애령, 송미령 등 송씨 세 자매 이야기는 파란만장한 인간 드라마일 뿐 아니라 중국 20세기 역사에 남을 귀중한 증언을 함축하고 있기에 따로 한데 묶어서 살펴보았다. 강청은 역사에 끼친 공과를 떠나서 20세기 후반의 중국사에서 반면인물의 뚜렷한 행적을 보였던 여성이므로 이해를 돕기 위해 빼지 않고 넣었다.

여기서 한 가지 재미난 사실을 발견할 수 있다. 중국사에서 권력에 접근할 수 있는 여성은 전근대 시기에는 황후나 태후인 경우가 대부분이었던 데 비해, 근대에 들어와서는 추근처럼 독자적인 경우를 제외하고는 대부분 주요 정치인의 부인이었다는 것이다. 이들은 권력이나 명성을 가진 남편의 후광이 함께 작용하여 정치권에 접근하게 되었다는 특징이 있다. 바로 송경령, 송미령, 하향응, 허광평, 등영초, 강극청, 강청의 경우가 그러하다.

또 한 가지는 우리나라 여성과 중국 여성의 비교 관점이다. 전근대 시기 권력을 쥔 왕실 여성들의 행태에서 우리나라 여성들보다 중국 여성이 더욱 잔혹한 모습을 드러낸다. 우리나라 왕실 여성으로서는 그 포악함을 가히 흉내 낼 수 없을 정도인데, 그만큼 중국 황실에서 황제 다음으로 황태후의 권력이 막강함을 보여 주는 대륙적인 모습이다.

마지막으로 근대 이후 활발했던 중국의 여성해방운동에 비해 우리나라는 그다지 활발하지 못했다는 점이다. 그것은 우리나라가 반세기 가까운 동안 일본의 식민통치 속에서 독자적인 근대화운동의 기회를 상실했기 때문이라고 볼 수 있다. 그저 안타까울 뿐이다.

잔혹 하나 뛰어난 중국 최초의 여성 정치가, 여태후

『사기』 본기에 오른 여태후

여태후(呂太后, 기원전 241~기원전 180)가 정치적으로 두각을 나타낸 것은 한(漢)의 고조(高祖) 유방(劉邦)이 죽은 후였다. 그녀는 유방의 늙은 부하들을 제거하고 유방의 유씨를 박해하고 여씨들을 제후왕으로 세웠다. 이렇듯 그녀는 잔혹하고 뛰어난 정치 수단으로 중국 역사상 최초로 정권을 잡은 여성이었다. 여기서 잠시 최초로 역사책에 실린 여태후의 이야기를 해 보자. 『사기(史記)』의 저자 사마천(司馬遷)은 냉철한 사가(史家)로 현실을 존중한 데 반하여, 『한서(漢書)』의 저자 반고(班固)는 원칙과 명분을 중시하는 경향이 있었다. 두 책 모두 천하를 지배한 왕조와 제왕의 전(傳)은 본기(本紀)에 기록하고, 지방 정권인 제후의 전은 세가(世家)에 기록하고, 그 밖의 여러 인물의 전은 열전(列傳)에 기록하는 기전체(紀傳體) 형식을 취하고 있다.

한 고조 유방이 죽고 태자 유영이 즉위하여 혜제(惠帝)로 불렸으나, 『사기』에는 혜제 본기가 없고, 고조 본기 다음에 여태후 본기로 이어지고 있다. 혜제는 8년 동안 재위했으나 실권은 사실상 여태후가 장악했기 때문에 혜제가 천하를 지배했다고 할 수 없으므로 사마천은 아무 거리낌 없이 혜제를 본기에서 제외시켰다.

이에 반해 반고(班固)는 명목상이지만 엄연히 제위에 올랐기 때문에 본기에서 제외시킬 수 없다고 생각하여 『한서』에 혜제 본기를 넣고 있다. 사마천의 역사관으로 볼 때 이같이 여태후는 『사기』 본기에 올릴 수 있는 유일한 여성이다. 여태후는 성은 여(呂), 이름은 치(雉)로, 한 고조 유방의 황후다. 그녀는 유방이 죽은 후에 정권을 장악하여 16년간 한 제국을 통치했다. 여치는 진(秦)나라 때 단부현(單父縣: 지금의 산동성 단현)에서 태어났다.

그녀의 아버지 여공(呂公)은 원수를 피하여 패현(沛縣)으로 이주했고, 이후 패현의 현령과 막역한 친구가 되었다. 한

번은 현령이 베푼 잔치에서 우연히 유방을 보았고, 유방과 친분을 맺은 뒤 곧장 딸을 그에게 시집보냈다. 여공은 첫 번째 만난 연회에서 유방의 큰 배포와 비범한 기백에 반하여 아내의 반대에도 불구하고 기쁘게 딸의 반려로 맺어 주었던 것이다. 여공은 여치의 용모가 수려하고 귀티가 풍기는 여인인지라 장차 '봉황'이 될 귀한 상이라며 몹시 아꼈다. 당시 정장(亭長)이라는 말단 벼슬을 맡았던 평범한 인간이었던 유방은 운 좋게 여공의 딸과 결혼하였던 것이다.

초한전이 시작되고 얼마 지나지 않아 여치는 유방의 부모와 함께 항우(項羽) 진영에 인질로 잡혀 있었는데, 기원전 203년 항우와 유방의 강화가 성사되자 여치와 유방의 부모는 석방되었다. 그 이듬해 유방은 한(漢) 왕조를 개창하는 개국 황제가 되었고 여치는 황후가 되었다.

둘 사이에는 아들 유영(劉盈)과 딸 노원공주(魯元公主)가 있었다. 그러나 유방은 유영의 성격이 나약하다는 것을 이유로 그가 총애하던 비빈(妃嬪) 척부인(戚夫人)의 아들 조왕(趙王) 유여의(劉如意)를 태자로 삼으려 했다. 척부인의 눈물 어린 호소와 유방의 결심으로 유여의는 태자에 오를 뻔했지만, 장량(張良)을 위시한 여러 대신들의 간언과 여치의 노력으로 유영이 태자의 자리를 계속 유지할 수 있었다. 고조 12년(기원전 195) 4월, 유방은 쉰을 겨우 넘긴 나이로 죽고 여치의 아들 유영이 제위를 계승했으니 그가 한나라의 2대 황제 혜제다. 이에 황태후가 된 여치는 어린 혜제를 대신하여 정사를 보면서 조정의 실권을 장악했다.

잔혹한 정치가 여태후

여태후는 유방의 사랑을 받았던 척부인과 태자의 자리를 넘보았던 조왕 유여의를 그대로 가만히 놓아두지 않았다.

여태후는 먼저 척부인을 영항(永巷: 원래는 궁녀들이 살던 곳이었으나 나중에는 죄를 지은 비빈을 감금하는 곳으로 사용되었음)에 감금한 다음 조왕 유여의를 제거할 틈을 노리고 있었다. 혜

정적을 무참히 살해한 여태후

제 원년(기원전 195) 12월, 혜제는 어머니 여태후의 속셈을 진즉부터 알아채고 우애 깊은 이복동생 유여의를 옆에 두고 감쌌다. 그러나 여태후는 혜제가 새벽에 활을 쏘러 나간 틈을 이용하여 혼자 남아 있던 유여의에게 독주를 먹였다. 해 뜰 무렵 혜제가 돌아왔을 때 유여의는 이미 싸늘한 시체로 변해 있었다.

뿐만 아니라 남편 유방이 생전에 총애했던 척부인에 대해서는 옷을 벗기고 벙어리가 되는 독약을 강제로 먹였고, 귀에 유황을 붓고 두 눈까지 뽑아 버렸다. 결국에는 양팔과 다리까지 잘랐으며, 시체는 똥오줌이 넘치는 변소 밑바닥에 던져 버리고 '사람돼지[인체(人彘)]'라고 부르게 했다.

그리고 며칠 후 여태후는 혜제에게 '사람돼지'를 보여 주었다. 혜제는 처음에는 그것이 무엇인지 알 수 없었지만, 척부인이란 말을 듣자 통곡하다 실신하여 그대로 앓아누웠다. 그러고는 여태후에게 "사람으로서 어떻게 그럴 수가 있습니까? 이제부터 나를 아들로 여기지 마십시오. 나는 이런 식으로 천하를 다스리지 못하겠습니다"라고 말한 후 매일 주색에 빠져서 정사를 돌보지 않았다. 그 후 여태후는 유씨 성을 가진 제후들을 하나씩 제거하기 시작했다.

혜제 7년(기원전 188), 결국 혜제는 24세의 나이로 세상을 떠났다. 혜제의 상(喪)이 끝나자 여태후는 태자를 왕위에 앉

11

혀 소제(少帝)로 세웠는데, 나이가 너무 어려서 할머니인 여태후가 완전히 황제의 권한을 행사하기 시작했다. 사실 소제 공(恭)은 정실부인의 소생이 아니었다. 소제는 혜제와 여태후의 집안 여인이었던 후궁 사이에서 낳은 아들이었는데, 여태후가 생모를 죽이고 정실부인이 낳은 태자로 꾸몄던 것이다. 이 사실을 알게 된 소제는 생모를 위하여 여태후가 죽기를 바란다는 원한 어린 말을 했는데, 이를 안 여태후는 소제를 제위 8년 만에 폐한 뒤 결국 그를 죽이고 말았다. 다음에도 역시 나이 어린 손자 홍(弘)을 옹립하여 황제에 올리니 또한 소제다. 두 명의 소제가 통치한 기간은 사실상 여태후가 천하를 다스린 기간이었던 것이다.

여태후는 황제의 지위를 대신한 8년(기원전 187~기원전 180) 동안 많은 정적들을 무참히 죽이고 여씨 정권을 공고히 하기 위해 야만적인 행동을 서슴지 않았지만, 탁월한 능력으로 국정을 운영했다. 그러므로 모든 호령은 여태후에게서 나왔으며 그녀는 실질적인 황제나 다름없었다. 여태후가 국정을 마음대로 장악한 기간은 혜제 재위 8년을 포함하여 16년간(기원전 195~기원전 180)이었다.

여태후의 평가는 후세에 분분하지만, 유방을 도와 "백성에게 휴식을 제공한다"는 휴양생식(休養生息)의 황노(黃老) 정치를 병행시키며 나름으로는 애를 썼다. 모든 공신들은 내치에 힘썼으며 백성의 마음을 따르기 위해 애썼고, 법제, 경제와 사상문화의 각개 영역에 균등하게 힘을 써서 다음 시대인 문경지치(文景之治: 문제와 경제의 통치 시기)를 이루는 확고한 기초를 쌓았다. 여태후는 비록 모략가이긴 했지만 대신들을 다루는 솜씨와 백성을 아끼는 마음은 일품이었다.

여태후는 자신의 정치적 입지를 더욱 강화하기 위하여 그녀의 정책에 반대하던 태위(太尉) 주발(周勃)과 우승상 왕릉(王陵)을 파면하고, "유씨 외에는 누구도 왕이라 칭해서는 안 된다"라는 유방과의 약속을 파기한 채 여태(呂台), 여산(呂産), 여록(呂祿) 등 많은 여씨 일족들을 왕후(王侯)로 책봉했다.

문경지치의 기초를 마련한 여태후의 정치 능력

여태후는 황제의 지위를 대신하는 동안 많은 정적들을 무참히 죽이고, 여씨의 전횡을 일삼는 등 야만적인 행동을 서슴지 않았지만, 나라를 다스리는 데는 뛰어났다. 그녀는 먼저 고조 유방 이래로 시행해 오던 민생안정책을 계승하여 농업을 장려하는 한편, 삼족을 멸하는 연좌제와 요언령(妖言令) 등 가혹한 형벌을 폐지했다. 이로써 이 기간에는 백성의 생활이 비교적 안정되었을 뿐만 아니라, 그동안 혼란했던 사회도 점차 질서를 잡아가고, 피폐했던 경제도 점점 회복되었던 것이다.

기원전 180년 3월, 천하를 호령하던 여태후도 결국은 세월의 흐름을 이기지 못하고 병을 얻어 자리에 눕게 되었다. 7월에 병세가 위독해지자 그녀는 급히 뒷일을 수습하기 위하여 조카 여산(呂産)을 상국(相國)에 임명하여 북군(北軍)을 통솔하게 하고, 여록(呂祿)을 상장군에 임명하여 남군(南軍)을 통솔하게 한 후 그 두 사람에게 다음과 같이 부탁했다.

"고조가 천하를 평정했을 때, 고조는 대신들과 '유씨 외에 왕이 되는 자는 모두 합심하여 토벌하라'라는 약속을 했다. 그러나 지금은 여씨가 왕에 책봉되어 권력을 장악하고 있으니 대신들은 모두 이에 불복하고 있다. 내가 죽으면 황제는 나이가 어리므로 대신들은 아마 난을 일으킬 것이니, 그대들은 반드시 군대를 장악하여 황궁을 수호하도록 하라. 나의 장례를 치를 때도 그대들은 황궁을 떠나지 말고 반란에 대비해야 할 것이다."

그러고는 다시 여록의 딸을 황후로 삼은 다음 자기가 죽은 후에도 여씨 천하를 유지하려는 야망을 끝까지 버리지 않았다.

기원전 180년 7월, 여태후는 장안(長安) 미앙궁(未央宮)에서 62세의 나이로 병사했다. 여태후가 죽은 후에 태위 주발과 승상 진평(陳平), 주허후(朱虛侯) 유장(劉章) 등 개국공신들은 신속하게 여씨 일족의 남녀노소를 모두 참살하고, 문제(文帝) 유항(劉恒)을 황제로 옹립했다. 이로써 여태후와 그녀의 일족이 다스리던 한나라는 다시 유씨 천하를 회복하게 되었다. 여태후의 묘지는 유방의 장릉(長陵) 서쪽(지금의 섬서성 함양시 동쪽 35리 지점)에 있다.

사마천은 『사기』 여태후 본기에서 그녀의 치적을 다음과 같이 상당히 긍정적으로 평가했다.

"혜제와 여태후 시절, 백성은 전국 시기의 고통에서 벗어날 수 있었으며, 군신(君臣)들은 모두 '무위(無爲)'의 경지에서 안식(安息)하려고 했다. 그러므로 혜제는 팔짱만 끼고 아무 일도 하지 않았고, 여태후가 여성으로서 황제의 직권을 대행하여 모든 정치가 방안에서 이루어졌지만 천하가 태평하고 안락했다. 형벌을 가하는 일도 드물었으며 죄인도 드물었다. 백성이 농사에 힘을 쓰니 의식(衣食)은 나날이 풍족해졌다."

북위를 지배한 여걸, 문명태후

북위 문성제 부인 풍황후의 등장

120년간 계속된 5호(五胡)16국 시대를 끝내고 439년 화북을 재통일한 것은 선비족 탁발씨 제3대 황제 탁발도(拓跋燾) 태무제였다. 5호 가운데서도 선비족이 화북 지방을 통일할 수 있었던 데에는 두 가지 요인이 있다. 하나는 유목사회의 부족제를 과감히 탈피하고 국민개병제라 할 수 있는 부병제(府兵制)를 실시하여 군사력을 강화한 것이고, 다른 하나는 정복지 중국 문화에 빨리 적응하여 한인의 협력을 쉽게 얻어서 한화(漢化) 정책을 수립하고 호한(胡漢) 체제를 이룩한 것이다. 북위의 한화 정책은 태무제의 증손 효문제 때 더욱 적극적으로 추진되었는데, 그 배경에는 할머니였던 뛰어난 여성 개혁가 풍태후(馮太后)가 있다. 북위의 극성기를 연 효문제 탁발굉(拓跋宏)은 5세의 어린 나이에 즉위하여 섭정인 풍태후의 도움을 받았던 것이다.

풍태후는 본래 한족의 후예로서 선비족의 후궁으로 들어갔다가 황후가 되었다. 부귀영화를 누렸으나 일찍이 미망인이 된 황후는 이후에 황태후와 태황태후를 지내며 20여 년 동안 정권을 잡았다. 그녀는 용기와 지혜를 갖춘 여성이었으며, 선비족의 옛 제도를 과감하게 개혁하여 북위의 사회 제도를 변화시키기 위한 튼튼한 기초를 닦았다. 그리고 이러한 탁월한 정치적 업적으로 '문명태후(文明太后, 442~490)'로 추앙되었다. 북위의 여러 제도는 다음 왕조인 수·당에도 크게 영향을 미쳤다. 풍태후는 정권을 잡는 과정에서 잔혹한 짓을 했지만 그에 못지않은 역사적 업적을 남겼다. 그 과정을 한번 살펴보자.

태무제 탁발도는 북중국을 통일했지만, 그는 환관 종애(宗愛)에게 암살당한다. 종애가 탁발 여(余)를 내세우고 약 10개월 동안 권력을 잡았지만, 대인들의 반격으로 반란은 정리되고 탁발준(拓跋濬)이 즉위하니 그가 문성제(文成帝)다. 이때 그의 나이 13세였다. 탁발준은 종애의 난리 속에서 유모인

상(常)씨 부인의 보호하에 운 좋게 무사했었다. 이런 연유로, 탁발준이 황제에 오르자 유모였던 상씨 부인을 황태후(皇太后)에 올렸다. 황태후는 선대 황제의 정실부인을 자동으로 올린 것이 아니라, 새로운 황제가 지명했던 것이었다. 자귀모사(子貴母死: 아들이 태자가 되면 생모를 죽이는 풍습) 제도는 외척의 국정 개입을 막기 위해 시행된 것이지만, 유모 출신 황후의 개입으로 탁발준은 풍 씨를 황후로 맞이하게 되었다.

『위서(魏書)』「황후열전」에 의하면, 풍 씨는 원래 북연(北燕)의 군주였던 풍홍(馮弘)의 손녀였는데, 아버지 풍랑(馮郎)은 광평공(廣平公)으로 계모의 미움을 받아 북위로 망명 와서 살았다. 이때 풍 씨가 출생했는데, 얼마 후에 아버지가 북위에서 큰 죄를 지어 피살되었다. 풍 씨는 총명하여 부지런히 지식을 익혔으나 어릴 적에 고아와 다름없는 신세가 되어 북위 궁궐의 비녀(婢女), 즉 무수리로 들어가게 되었다. 그렇게 지내다가 탁발준이 황제에 오르면서, 상씨 황태후의 도움으로 신임 황제의 귀인(貴人)이 되었는데, 이때 황제 문성제는 13세, 풍귀인은 11세였다. 황태후는 고향이 요서(遼西)였고 풍귀인 역시 동향이었던 터라 풍귀인을 각별하게 챙겨주었는데, 풍귀인이 14세가 되던 해 드디어 황후(皇后)의 자리에 올랐던 것이다.

문명태후의 집안은 『위서(魏書)』「황후열전」에 '선비화된 한족'이라고 나온다. 선비화된 한족이란, 5호16국의 혼란 속에 선비족의 강역에서 그들에 섞이거나 동화되어 살던 사람들을 말한다. 아무튼 풍태후, 즉 문명태후는 문성제 탁발준의 황후가 되었다. 그런데 13세의 어린 나이로 즉위한 황제 탁발준은 즉위한 지 13년이 되던 26세의 젊은 나이로 죽었다. 결국 문명태후는 24세의 젊은 나이에 과부가 되고 말았다. 기록에 의하면 문성제의 장사를 치르면서 풍황후는 불에 뛰어들어 자살을 기도하기도 했다 한다. 기막힌 자기 인생을 슬퍼한 탓인지, 아니면 가증스런 쇼맨십이었는지는 누구도 알 수 없는 일이다. 그나마 다행인 것은 자신은 아들을 낳지 못해 태자의 생모가 아니었기 때문에 자귀모사의 죽음은 피할 수 있었다.

헌문제의 등장과 폐위 그리고 문명태후의 섭정

문성제가 죽고 이씨 부인이 낳은 아들 탁발홍(拓跋弘)이 황제로 즉위하니, 바로 헌문제(獻文帝)다. 즉위할 때(265년) 고작 12세였으므로 이에 문명태후는 황태후가 되어 제1차 섭정을 하게 되었다.

탁발홍은 어려서 태자로 지명되고, 생모인 이씨 부인은 궁중의 잔인한 법도에 의해 자결을 당했다. 이에 강보에 싸인 탁발홍의 양육은 황후인 문명태후의 관할이 되었고, 태자는 황후의 치마폭에서 성장해 왔던 것이다. 섭정을 시작한 문명태후는 당시 조정을 쥐고 흔들던 권신(權臣) 을혼(乙渾)을 제거하고, 실질적인 북위의 통치자로 군림하였다.

이같이 문명태후 섭정 2년 만에 훗날 효문제가 되는 탁발 굉(宏)이 태어났다. 공식적으로는 황제의 아들이고, 황태후의 손자다. 문명태후는 손자 양육을 이유로 후궁으로 물러나 아이 키우기에 전념하였다. 섭정을 시작하고는 권신을 내친 권력의 화신이었던 그녀가 별안간 손자 양육을 위해 섭정의 자리에서 물러선 것에는 여러 의혹이 있다. 사서에도 이 기간의 문명태후에 대해서는 언급이 없다. 학자들 가운데는 이 손자가 문명태후의 손자가 아니라 직접 낳은 아들일 것이라는 주장도 있으며, 그래서 출산을 겸해서 잠시 전면에서 퇴장했을 것이라 말하지만 진실은 알 수 없다.

그러나 섭정을 시작할 때 권신이던 을혼(乙渾)을 죽이고 권력을 야무지게 틀어쥔 이 젊은 태후가 그냥 단순하게 손자 양육에만 전념했을까? 자신의 심복들로 하여금 권력이 자기 손에서 벗어나지 않게 할 계략이 있었을 것이다. 이런 묘한 구도 가운데 모자지간, 즉 풍태후와 황제 헌문제 간에 커다란 갈등이 발생했다. 풍태후의 직·간접적인 섭정은 받아들이겠지만, 황태후의 연인은 그냥 보아 넘길 수 없었던지 결국 풍태후 곁에 있던 이혁(李弈)이란 자와 그 형제들을 주살했다. 그러나 아직 풍태후의 정치력과 권력이 더 강력했던 시기라, 풍태후는 갖가지 방법으로 황제를 핍박해서 결국 황제를 퇴위시켰다. 이때 퇴위한 헌문제의 나이는 18세로, 중국 역사상 가장 어린 나이에 태상황, 즉 황제의 살아 있는 아버지가 된 것이다. 새로 황제가 된 탁발굉(拓跋宏)은 뒷날 이름을 떨친 효문제로서, 즉위 당시 5세였다. 이때 문명태후는 태후에서 태황태후가 되었다.

태상황 헌문제는 비록 황제 자리에서 물러났지만, 태상황의 자격으로 조정에 조서를 내리고 군대를 지휘하는 등 권력을 놓지는 않았다. 오히려 황제였을 때보다 더 활발하게 일을 했다. 그러나 문명태후도 그리 만만하게 물러날 인물이 아니었다. 결국 모자지간의 권력 다툼은 태상황의 독살로 끝이 났다. 문명태후가 생사를 걸고 24세의 태상황을 독살시킨 것이다. 태상황이 죽자 문명태후는 다시 섭정을 시작했다. 바로 그녀의 제2차 섭정 시기로, 이때가 476년이고, 그 후 49세(490년)로 죽을 때까지 계속 섭정을 했다. 물론 효문제는 어리기는 하나 영리하고 조숙했다. 그는 아버지까지 죽인 '젊은 할머니의 강력한 파워'에 눌려 온갖 길들이기와 실험 등 고통을 겪었지만 이를 이겨내기 위해 예스맨 황제의 역할을 아주 충실하게 수행했다. 시호마저 효문제라고 효(孝)

자를 붙일 정도였다. 이리하여 문명태후는 465년부터 490년까지 25년간 섭정을 했다.

문명태후와 효문제의 과감한 한화(漢化) 정책

효문제는 문명태후의 섭정 당시 문명태후와 합동으로, 친정 시기에는 독자적인 노선으로 북위의 급진적 호한(胡漢)융합 정책을 강력하게 추진했다. 그 정책을 살펴보면 다음과 같다.

472년, 관리임용과 운용 제도를 정비해서 지방 관리들이 치적이 좋으면 임용 기간을 늘리고 계급도 한 단계 높였다. 반대로 치적이 좋지 못하면 퇴임시키거나 징벌을 가하거나 신분도 한 단계 강등했다. 그리고 475년, 기존의 주·군·현 세금징수 제도를 정비했다. 특히 규정보다 큰 되 바가지나 규정에 어긋나는 긴 자나 가짜 저울로 세금을 받는 부당한 짓을 하지 못하게 했다.

484년에는 공무원 봉록(俸祿)을 개혁하여, 봉록제를 실시했다. 관직에 따라 일정 농토를 지정해 주고[俸田], 거기서 나오는 소출로 급여를 주되, 관직을 떠나면 후임자에게 인계하는 것이다. 485년에는 유명한 균전제(均田制)를 시행하여 농토를 균등하게 나눠 주었다. 균전제는 성인 남녀와 노비, 농

과감한 개혁으로 중국 통일의
기틀을 마련한 문명태후

사짓는 소의 숫자 등에 따라 농토와 뽕나무밭을 나눠주고, 일정량의 세금을 내게 하는 이른바 조용조(租庸調) 제도이다. 이는 계속된 전란 속에 유민(流民)들을 땅에 안착시키고 식량과 비단 생산을 할당하여 생산을 늘리기 위한 것이었다.

아울러 삼장제(三長制)를 실시했다. 일종의 주민등록법과 같은 것으로 지방조직을 새롭게 정비하여 5가(家)를 1린(隣)으로 하고, 5린을 1리(里)로 하며, 5리를 1당(黨)으로 편제했다. 그리고 린, 리, 당에서 명망 높은 사람을 뽑아서 인장, 이장, 당장으로 임명했다 이 역시 유민의 정착을 지원하고 강제하는 동시에, 지방 호족들이 백성을 노비 등으로 사유하지 못하게 하는 장치였다.

문명태후가 죽은 후 효문제는 494년, 탁발선비 구 귀족과 태자 등의 강력한 반대에도 불구하고 수도를 대동(大同)에서 낙양(洛陽)으로 천도했다. 낙양 천도 이후에 관작(官爵)을 정비하는 한편, 북방의 복성(復姓), 즉 두 글자로 된 탁발씨를 단성(單姓)인 원(元)씨로 바꾸도록 했다. 또한 복장 역시 북방의 호복(胡服)을 금지하고 중원의 한복(漢服)을 입게 하며, 북방민과 한족과 통혼(通婚)을 적극적으로 권장했다.

풍태후의 일생은 파란만장했으며 수단과 방법을 가리지 않고 권력을 쟁탈했지만, 과감하고 용기 있는 처신으로 호한융합이라는 거대한 과제를 수행해 낸 여걸이었다. 그녀가 없었다면 북위가 과연 중국사에서 중요한 위치를 차지할 수 있었을지 의문이다.

북위나 유구한 중국사에서 볼 때 풍태후의 개혁은 각 민족 간의 융합을 가능케 하여 갈등을 완화시켰다. 그리고 북방 지역의 통일을 유지하여 통일로 향해 가는 대세에 큰 영향을 끼쳐 이후 수(隋) 왕조가 중국을 통일하는 데 기초를 마련했던 것이다. 이 같은 일은 동아시아 역사에서 그 이전에도 이후에도 북방민족에게는 없었던 일이었다.

안정과 혁신의 시대를 연 중국 유일의 여제, 측천무후

온갖 수단을 다해 황후가 되다

중국사에서 측천무후(則天武后, 623~705)처럼 독보적인 위치를 차지한 여성은 없을 것이다. 그녀는 친아들인 중종과 예종을 폐위시키고 자신이 황제가 된, 중국 역사상 전무후무한 유일한 여제(女帝)며, 아울러 개원지치(開元之治)로 불리는 현종 전반기 번영의 기초를 쌓은 여걸이었다.

측천무후의 이름은 무조(武照)며, 그녀 아버지는 고조 이연의 거병에 협력했던 지방의 목재상 무사확(武士彠)으로 후에 형주도독을 지낸 바 있었다. 한마디로 그녀는 당시 사회에서는 한문(寒門: 보잘 것 없는 집안) 출신이었다. 그녀는 궁에 들어가자 재인(才人)으로 발탁되었으며, 뛰어난 미모와 총기로 이미 14세 때 태종 이세민의 후궁이 되어 총애를 받았다.

그러나 649년 태종이 51세로 병사하자 그녀는 삭발하고 감업사에 보내져 비구니가 되었다. 태종의 뒤를 이어 그의 셋째 아들 고종이 왕위에 올랐다. 어느 날 고종은 아버지 제사를 지내기 위해 감업사에 행차하여 비구니가 된 그녀를 보게 되었는데, 20대 중반의 애절하고 아리따운 모습에 마음을 빼앗기고 말았다.

그리하여 중국 풍속으로는 도저히 용납될 수 없는 일이었지만 부왕의 총비였던 그녀를 환속시켜 후궁으로 맞아들였다. 소의(昭儀)가 된 그녀는 차츰 본성을 드러내어 고종의 총애를 받아 온 왕(王) 황후를 몰아낼 잔혹한 계획을 세웠다.

어느 날, 왕 황후는 소의의 처소에 와서 갓 낳은 예쁜 공주를 보고 있었는데, 고종이 오고 있다는 전갈을 받고 급히 나갔다. 그러자 소의는 자기가 낳은 공주를 질식사시킨 후 이불로 덮어 두었다. 잠시 뒤 고종이 공주를 보러오자 소의는 "황후가 우리 딸을 죽였다"고 참소하며 통곡하기 시작했다. 왕 황후는 속수무책으로 누명을 쓰게 되었다. 이처럼 무 소의는 고종의 총애를 받던 왕 황후와 소 숙비를 차례로 누명을 씌워 처참하게 살해하고, 마침내 꿈에 그리던 황후의 자리에 올랐다. 이때가 655년, 그녀의 나이는 한창 무르익은 32세로, 새로운 이름 측천무후라는 경칭을 얻었다.

고종은 병약하고 우유부단했다. 황후가 된 무후(武后)는 고종의 간질병을 이유로 정권을 손아귀에 쥐었다. 이때가 660년으로, 그녀는 고종을 능가하는 실력자로 부상하여 고종과 함께 2인 천자(天子)로 불렸다. 명문가 출신이 아니었던 그녀는 귀족에 대한 냉혹한 숙청을 자행했는데, 특히 자신의 황후 옹립에 반대한 장손무기(長孫無忌), 저수량(猪遂良) 등 개국공신을 서슴없이 숙청했다. 뿐만 아니라 황실의 이(李)씨 일족에게도 무서운 탄압을 가했으며, 심지어 자신이 낳은 아들에게까지도 박해를 가했다.

중국 유일의 여제

고종이 아무 실권 없는 허수아비에 지나지 않는 상황 속에서 처음부터 황태자로 봉해졌던 이충은, 측천무후가 낳지 않았기 때문에 폐위시켜 죽여 버렸고, 자신이 낳은 큰아들 이홍을 황태자로 세웠지만 나이가 들자 자신의 일에 비판적이라고 하여 폐위시켰다. 그 후 이홍은 갑작스런 죽음을 맞았는데, 그녀에 의해 독살되었다는 소문이 있다.

측천무후는 악착같이 권력을 탐하는 타고난 정치가였으

므로 어머니이기 이전에 정치가였다. 또한 권력의 맛을 본 권력 탐닉자였기에 권력을 위해 자신의 아들과 딸을 죽이는 비정함을 보였던 것이다.

안정과 혁신의 시대를 연 측천무후

이홍 다음으로 태자에 오른 그녀의 둘째 아들 이현은 마침내 683년, 천자의 자리에 올라 중종이 되었고 무후는 태후가 되었다.

그러나 중종의 왕후인 위(韋) 씨도 시어머니를 닮아 보통 여인이 아니었다. 무후는 위 씨가 자신의 뜻을 좇지 않자 이를 제어하지 못하는 중종까지도 미워하여, 재위에 오른 지 불과 3개월 만에 중종을 폐위시키고 멀리 유배시켰다. 그리고 그녀는 자신이 낳은 셋째 아들 이단(李旦)을 천자로 삼으니, 그가 예종이며 현종 이융기의 부친이다.

이 무렵 무 태후는 승려 회의(懷義)를 총애하여 불교를 숭앙했으므로 불교가 크게 번성했는데, 그녀는 불교까지도 정치에 이용했다. 무 태후는 자신이 구세주 미륵불이 하생한 자로 당나라를 대신하여 천하의 주인이 될 것이라는 설을 유포했다. 그리고 이를 구실로 또다시 아들 예종을 폐위시킨 후 드디어 690년에 스스로 황제가 되었다. 무 태후는 중국 고대 주나라의 이상을 재현한다는 명분을 내세워 나라 이름을 주(周)라 했으며, 자신을 신성 황제라 일컫고 아들 예종도 자신의 성을 따르게 했으니 이를 무주(武周)혁명이라 부른다. 이때 무후의 나이 67세였다.

이로써 이씨의 당제국은 일시 중단되고 무씨 천하가 되었다. 무후는 장안 대신 낙양을 신도(神都)라 하여 수도로 정한 뒤, 정치·군사의 중심지로 삼고 구(舊)귀족을 숙청한 후, 과거제도를 확대하여 신진관료를 대거 등용하고 국정을 쇄신했다.

측천무후가 다스린 50년간(28년간의 황후, 7년간의 황태후, 15년간의 황제 시기)은 당 제국 전반부의 4분의 1에 해당하는 기간이다. 이 시기에는 국가적으로 커다란 변고나 난이 일어나지 않았으므로, 정치적으로 본다면 그녀는 치국의 방법과 권력 장악에 남다른 능력을 가졌다고 볼 수 있다. 특히 측천무후는 인재를 중용하고 후대(厚待)하여 조정 안팎으로 정치가 잘 이루어졌으며, 인심이 후해지고 경제가 발전하여 당 부흥의 물질적 토대를 마련했다.

측천무후는 황제가 된 후 장역지, 장창종 등 미소년들과 어울려 젊음을 되살리며 즐겼다고 한다. 그러나 인간의 수명은 한계가 있고 천륜도 어쩌지 못하는 법. 계승자 책립문제를 놓고 고민하던 무후는 원로재상 적인걸의 의견에 따라 원방으로 유배시킨 중종을 불러들여 다시 자신의 후계자로 임명했다. 그 후 적인걸의 추천으로 80세의 장간지를 재상에 임명하면서 무후의 최후는 드디어 결정이 나게 되었다.

705년, 장간지는 고령임에도 위험을 무릅쓰고 친위대 우영림과 함께 반란을 일으켜 중종을 옹호했다. 장간지는 궁중으로 돌입하여 무후로 하여금 중종에게 황제의 자리를 양위케 하고 그녀를 상양궁에 감금했는데, 무후는 그해 겨울 유폐된 채 병사했다. 이때 그녀의 나이 82세였다.

안정과 혁신의 시대를 연 통치 능력

종래 무후(武后)와 위후(韋后)를 일컬어 여화(女禍)라 한 것은, 여자가 정치에 관여하고 황제의 자리에 오른다는 것은 상상할 수도 없는, 남존여비의 유교주의 역사관에 입각한 부정적인 평가라 할 수 있다.

역사적으로 볼 때 무후 시대는 생산력이 지속적으로 상승했고, 사회질서도 안정되었으며, 강남 지역에서 물자도 원활히 수송되어 국방도 충실했으므로 내외가 안정되었다. 또한 관제 개혁과 신진관료 등용으로 능력주의 사회로 넘어가는 혁신 시대라고 평가할 수 있다. 그것은 무후 통치 50년

(655~705) 동안에 농민반란이 거의 일어나지 않았다는 객관적 사실이 이를 증명한다.

최근 낙양의 당 유적을 복원하던 중 성 밖의 유적지에서 수백 개의 땅 속 움막이 발굴되었는데 이것은 곡물저장 창고였으며, 기록을 보면 비축 곡량이 가장 충실했던 때가 바로 측천무후와 현종 집권기였다고 한다.

여제의 군림은 전통적 한족 사회에서는 아주 이례적인 일이기 때문에 호한(胡漢) 체제라 부르는 수·당 제국의 황실에 유목민족의 혈통이 작용했음을 알 수 있다. 수양제나 당고종이 아버지의 비를 취한 일이나, 당현종이 친아들의 아내인 양귀비를 총애한 일이나, 도용(陶俑)에 보이는 기마 여인상이나 여제의 등장에서 익히 볼 수가 있다.

서안 서쪽 80킬로미터 지점의 양산에 위치한 고종과 측천무후의 합장릉인 건릉 앞에는 두 개의 비석이 서 있다. 고종의 비문은 측천무후가 찬하고 중종이 해서체로 썼는데, 무후의 비는 어찌된 이유인지 아무런 글씨가 쓰여 있지 않은 무자비(無字碑)다. 그녀는 유언을 통해 엄숙하게 자신의 황제 칭호를 떼어 내고 '측천대성황후(則天大聖皇后)'로 부르게 하라고 선포했으며, 자신의 무덤 앞에는 전례가 없는 무자비를 세우게 했던 것이다.

혹자는 무후가 너무 높고 큰 자신의 공덕을 표현할 글을 찾지 못한 까닭이라고도 하지만, 그녀가 죽은 다음 찬탈의 경력을 넣지 않고는 기록할 수 없는 그녀의 비문을 섣불리 지을 수 있는 신하가 없었기 때문이기도 할 것이다. 이 비석은 현재 섬서성 박물관 비림에 있다. 중국의 당 왕조 연표에는 측천무후가 빠져 있다.

인간적인 덕망으로 볼 때, 측천무후는 음험하고 독해서 인륜이나 천륜을 해치는 것쯤은 아무렇지도 않게 행동했지만, 권력 장악이나 통치 방법에서는 독특한 노하우를 가지고 있어서 당 제국의 안정과 혁신의 시대를 연 중국 유일의 여제로 군림할 수 있었던 것이다.

무시 무시한 명 태조 주원장의 후덕한 현모양처, 마황후

성공한 남성 뒤에는 위대한 여성의 내조가 있었다. 명(明) 왕조를 건설한 주원장(朱元璋)이 걸인 승려에서 천하의 황제가 되기까지는 주원장 본인의 역량도 컸지만 그의 아내 마황후(馬皇后)의 내조도 중요한 역할을 했다. 또한 마황후는 황제권을 강화하는 과정에서 대규모 공신 숙청을 감행한 주원장에게 그들의 공로를 잊지 않도록 조언하고 아량을 베풀 것을 충언했다. 마황후는 헌신적인 사랑으로 주원장을 보필했고 명 왕조를 안정시키는 데 기여했다.

역사상 황후나 후궁들은 정사를 어지럽히거나 잔혹한 경우가 많았지만, 마황후는 현덕하고 현명한 품성으로 높고 아름다운 국모의 모습을 보여 준 대표적인 예라 하겠다. 오늘날 올바른 여성의 모델로도 손색이 없는 지혜롭고 현숙한 여성이었다. 그러면 주원장과 마황후의 관계를 풀어가 보자.

출신이 비천한 황제 부부의 탄생

1368년 10월 21일, 주원장은 안휘(安徽)성의 가난한 집안에서 넷째 아들로 태어났다. 주원장 일가는 원래 남경 부근에서 대대로 농사를 지은 가난한 소작 농부였다. 할아버지 때에 안휘성으로 옮겨온 주원장 일가는 그나마 소작도 얻을 형편이 못 된 탓인지, 할아버지가 죽은 후 끼니조차 얻기 어려워 온 가족이 모두 흩어져 버렸다.

주원장의 어릴 적 이름은 중팔(重八)이었으며, 17세에 전염병과 기근으로 부모 형제를 잃고 고장촌 서남쪽 기슭에 자리 잡은 황각사(皇覺寺)에 행각승(行脚僧)으로 입문했다. 소작료로 유지되는 황각사가 천재(天災)로 인해 소작료를 받지 못하고 운영이 힘들어지자 그는 탁발승(托鉢僧)이 되어 밥을 빌어먹을 수 있는 곳으로 정처 없이 떠돌아다니며 그 지역의 지리와 풍속을 익히고 세상 물정을 보는 시야를 넓혔으며 사회 지식을 풍부하게 쌓고 체력을 단련시켰다. 몇 년간 회서(淮西) 지방을 떠돌던 주원장은 다시 황각사에 돌아와

청소와 심부름을 하면서 몇 년을 지냈다.

어느 날 원군(元軍)에 의해 황각사가 불타 없어지고 승려들도 뿔뿔이 흩어져 버리자 주원장은 홍건적의 일파인 곽자흥(郭士興)을 찾아간다. 조상이 물려준 재산을 주색으로 탕진하고 시정잡배들과 어울려 홍건적이 되었던 곽자흥은 본시 강소성(江蘇省) 정원(定遠)의 지방 부호 출신이었다. 주원장의 몰골은 말이 아니지만 곽자흥은 그의 인품을 알아봤다. 비록 앞이마가 튀어나오고 돼지 코와 말상[馬像]에 곰보의 괴이한 얼굴과 험상궂게 생긴 강골 모습이 호감을 주지 못했지만, 적도들을 부릴 수 있겠다는 생각이 들었던 것이다. 주원장은 전쟁터에서 항상 필사적으로 싸워 큰 공을 세웠고, 이에 곽자흥은 그를 10명 단위의 분대장 격인 십부장(十夫長)으로 임명했다. 그 후 곽자흥은 양녀 마수영(馬秀英)을 주원장에게 시집보냈고 주원장은 마수영과 결혼하여 정치적 기반을 다졌다.

마수영은, 안휘성 숙주(宿州) 출신의 부호이며 무예가 출중하고 정의로운 마공(馬公)과 정(鄭)씨 부인 사이에서 태어났다. 마공은 원수를 갚기 위해 사람을 죽이고 도망하면서 친교가 있는 곽자흥에게 딸을 맡기고 죽었다. 마공의 객사 소식을 듣고 곽자흥은 마수영을 수양딸로 삼아 글도 가르치며 애지중지 키웠다. 마수영은 예쁘고 총명하고 인자하여 지모와 안목이 있었고 서사(書史)를 좋아하는 성품이었다. 주원장은 정규 교육을 받지 못해 학식이 넓지는 못했지만, 아내 마수영은 박학다식하여 자연스럽게 주원장의 스승이 되었다.

그 후 주원장은 끊임없이 훌륭한 전공을 세우며 곽자흥 세력 속에서 두각을 나타내고 이름을 날렸다. 그러던 어느날 곽자흥이 죽자 주원장은 그 자리를 차지했다. 이리하여 주원장은 또 다른 세력인 서쪽의 진우량 집단, 화북 지방의 한림아 집단, 절동의 방국진, 장사성 세력 등을 정복한 후 마침내 1368년 17년간의 악전고투 끝에 금릉[南京]에 도읍을 정하고 명(明)을 창건했다. 그리고 원나라 잔존 세력을 막북으로 몰아내고 중국을 통일했다.

드디어 그는 개국황제 태조 홍무제(洪武帝)가 되었으며 마수영은 마황후로 봉해졌다. 주원장은 마수영을 황후로 봉한 후 "짐이 평민에서 황제의 자리에 오르게 된 데는 밖으로는 공신들의 노고가 있었고, 안으로는 현명한 부인의 조력이 있었기 때문이오. 부인은 짐을 위해 문서를 처리했고, 친히 종군하면서 온갖 어려움을 함께해 주었소. 옛말에 집안에는 좋은 아내가 있어야 하고 나라에는 훌륭한 재상이 있어야 한다고 했는데 짐의 처지를 보니 헛된 말이 아니구려"라며 감사의 마음을 토로했다. 마황후는 현재의 부귀영화에 도취하

인자하고 후덕한 마황후

지 않고 겸손한 자세로 빈한했던 옛 생활을 잊지 않았으며, 함께 전쟁터를 누볐던 신하들을 잊지 말기를 주원장에게 부탁하며 늘 그들을 배려했다.

주원장은 빈민 출신이었기에 백성의 어려움을 누구보다 잘 알고 있었으며, 또한 어질고 후덕한 마황후는 선대의 경험에서 교훈을 얻어 주원장을 적극적으로 도왔다. 주원장은 전란으로 황폐화된 나라를 회복시키고 경제와 민심을 안정시키기 위해 감세와 면세를 실시하고, 백성에게 휴식을 제공했다. 마황후도 교만하지 않고 백성과 다를 바 없는 검소한 생활을 했다. 그러한 가운데 주원장은 특히 지나치리만큼 황제권 강화에 최선을 다했다.

포악한 주원장과 내조의 달인 마황후

주원장의 즉위 당시, 그의 나이는 41세였다. 그러나 60세가 넘으면서부터 후사를 걱정하지 않을 수 없었다. 나이가

37

들어가면서 홍무제에게는 두 가지 양상이 더욱 뚜렷이 나타났다. 무엇보다 중요한 것은 후사 문제였다. 그는 마황후 출생의 장자 주표(朱標)가 마음이 착하고 여렸으므로 역전의 용사였던 개국공신들을 잘 통제할 수 있을까를 걱정한 끝에 궁중 내 버거운 존재들을 가차 없이 제거했다. 이 같은 숙청 후 애지중지하던 황태자 주표가 갑자기 죽으니 그 비통함은 형언할 수 없었다. 다른 아들들을 제쳐놓고 결국 손자를 황태손으로 정하니 더 많은 공신을 제거하지 않고서는 안심할 수가 없었던 것이다. 그렇게 후사를 위해 공신들을 죽이고 나름의 대책을 강구했으나, 훗날 일은 다른 데서 터지고 말았다. 그의 사후 넷째 아들이 손자 건문제를 죽이고 자신이 3대 영락제로 등극한 것이다.

또 한 가지는 황제권이 강화되면서 주원장은 오히려 자신의 출신과 성격적 결함에서 야기되었을 의심증으로 모반의 죄명을 씌워 개국공신을 포함한 수만 명을 희생시키는 포악함을 보였다. 주원장은 역대 황제 중에서도 가장 참혹하게 많은 공신들을 죽였다. 주원장은 자신의 통치에 불만을 품은 문인들을 진압한다는 명분으로 문자옥(文字獄)을 크게 일으켜 문인들을 주살했다. 문자옥이란 주원장이 승려생활 때 머리를 깎은 것 때문에 '광(光)' '독(禿)' 자를 쓰거나 '승(僧)'과 발음이 비슷한 '생(生)'을 쓰는 행위, 반란군 출신이란 의미의 '적(賊)'과 발음이 비슷한 '칙(則)' 자를 쓰는 행위를 무조건 처벌한 것을 말한다. 이와 같은 주원장의 공포정치에 대해 후세 사가들은 "결국 자신의 권력과 부귀를 보존하고, 무사히 26명의 아들과 16명의 딸들에게 권력을 물려줘야 한다는 강박관념이 정신분열증으로 나타난 것"으로 평가하기도 한다.

만일 후덕한 마황후가 없었다면 사태는 이보다 훨씬 더 심각했을 것이다. 그러면 『명사(明史)』「마황후전(馬皇后傳)」에서 마황후의 현명하고 어진 국모의 모습을 찾아보자. 주원장은 정전에서 국사를 처리하면서 진노할 때가 많았는데, 그때마다 황후는 황제가 환궁하길 기다려 번번이 간언을 했다.

황제의 성품은 엄했지만 이 때문에 형(刑)을 완화시킨 것이 수차례였다. 참군(參軍) 곽경상이 화주(和州)를 지킬 때 부자지간에 아들이 애비를 죽이려 한다는 소문을 듣고 황제가 그 아들을 죽이려 하자 황후는 "곽경상은 아들이 하나뿐인데, 그를 죽였다간 대가 끊기니 사실을 확인해야 한다"라고 했다. 황제가 그 일을 알아보니 과연 헛소문이었다.

이문충(李文忠)이 엄주(嚴州)를 지키고 있을 때도 양헌(楊憲)이 그가 불법을 저질렀다고 무고하자 황제는 그를 소환하려 했다. 이때도 황후는 "엄주는 접경 지역인데 장수를 가벼이 바꾸는 것은 옳지 않습니다. 이문충은 어진 사람인데 양헌의 말을 어찌 신뢰할 수 있겠습니까?"라고 간언했다. 그러자 황제는 소환을 그만 두었고 문충은 후에 큰 공을 세웠다.

호유용(胡惟庸) 모반 사건 때, 태자의 스승이었던 학사 송렴(宋濂)은 손자 송신(宋愼)이 모반에 가담한 죄로 연좌되어 체포된 후 처형을 기다리고 있었다. 황후는 여러 번 간해도 황제가 듣지 않자 "송학사는 40년 동안 황상을 보필했던 분으로 덕망이 높아 사해가 그를 우러러보고 있습니다. 고희가 넘은 분을 처형한다니 너무나 잔인하고 슬픕니다"라며 눈물을 뚝뚝 흘리면서 울었다. 황제도 결국 마음이 움직여 사형을 면하고 무주(茂州)로 유배를 보냈다.

하루는 황후가 황제에게 "지금 천하의 백성이 편안합니까?"라고 묻자 황제는 "그건 당신이 물을 바가 아니오"라고 대답했다. 이에 황후는 "폐하께서는 천하의 아비요 첩은 천하의 어미가 되는데, 자식의 안부를 어찌 물을 수 없습니까?"라고 했다. 그해 나라에 가뭄이 들자 번번이 궁인들을 거느리고 소식(蔬食)을 하면서 기도에 동참하고 보리밥에 냉잇국을 내어 놓았다 한다.

황제가 태학에 행차하고 돌아오는데 황후가 태학생들이 얼마나 되는지 물으니 수천 명이라 하자 "이 많은 인재는 관아에서 먹지만, 그 처자식들은 어떻게 합니까?"라면서 홍판창(紅板倉)을 세워 곡량을 저축해 두고 태학생들의 집에 하사했다 한다. 또한 황제가 황후의 친척을 찾아 관직을 주려고 하자 황후는 사양하며 "작록(爵祿)을 사사로이 외가에 주는 것은 법이 아닙니다"라며 사양하고 그치게 했다.

인자하고 후덕한 현모양처

평민 출신 마황후는 고귀한 신분에 오른 후에도 가난했던 시절을 잊지 않고 항상 검소했다. 황제에게 진양되는 음식은 황후가 몸소 이를 살폈고, 후비들과도 대립하지 않고 친자매처럼 지냈으며, 떨어진 옷은 손수 기워 입고 작은 물건 하나도 함부로 버리지 않았다. 그리고 마황후는 전족(纏足)을 하지 않아 큰 발을 가지고 있었다.

황후가 된 지 15년째인 홍무 15년(1382) 마황후가 중병에 걸려 백약이 무효하자, 주원장은 의관들을 문책했다. 그러자 마황후는 주원장에게 "생사는 천명이니 아무리 뛰어난 의원도 죽을 목숨을 살리지는 못합니다. 여러 의원을 문책하시는 것은 저를 괴롭히는 일입니다"라고 말했다. 주원장이 크게 감복하며 유언을 묻자 마황후는 "평민에서 국모가 되었는데 무얼 더 바라겠습니까? 다만 제가 죽더라도 현신들의 간언 듣기를 게을리하지 마시고 끝까지 삼가는 것을 처음처럼 하십시오"라는 유언을 남겼다.

주원장의 두 가지 초상화

마황후가 숨을 거두자 황제는 통곡했고 온 나라가 오열했다. 그녀의 나이 51세였다. 그리고 황제는 다시 황후를 세우지 않았는데, 당시에는 드문 일이었다. 그해 9월 효릉(孝陵)에 장사 지내고 시호를 효자(孝慈)황후라 했다. 그 후 영락(永樂) 원년 존시를 올려 '효자 소헌 지인 문덕 승천 순성 고황후(孝慈昭憲至仁文德承天順聖高皇后)'라 했다. 궁인들은 황후를 사모하여 다음과 같이 노래를 지어 불렀다.

"우리 황후께서는 성자(聖慈)하시어 그 교화가 온 나라와 집집마다 행해졌네. 우리를 위로하고 양육하시니 그 덕을 생각하면 1만 년이 지나도 잊을 수 없네. 삼가 그분께서 황천으로 가셨으니 푸른 하늘만 아득하구나."

주원장은 못생긴 자신의 얼굴에 대한 콤플렉스가 대단했

기에 화가들이 자신의 얼굴을 사실적으로 그릴수록 만족하지 못했다. 후에 어떤 화가가 그의 마음을 읽고 얼굴 윤곽은 비슷하게 그리되 안색은 매우 온화하고 인자하게 그렸다. 이것을 본 주원장은 대단히 흡족하여 여러 장 더 그리게 하여 자식들에게 나누어 주었다. 그래서 현재 주원장의 초상화는 두 종류가 전해지고 있다.

일세를 풍미한 청 말의 철권 통치자, 서태후

서태후의 등장

서태후(西太后)는 중국의 마지막 왕조인 청(淸)나라 말기 동치제(同治帝, 재위 1861~1874)와 광서제((光緖帝, 재위 1874~1908) 시기의 50년간에 걸쳐 권력의 강자로서 일세를 풍미한 여걸이다. 그녀는 청을 철권 통치함으로써 중국 역사상 강력한 여성 지배자로 꼽힌다.

서태후의 성은 엽혁나랍(獵嚇那拉)씨며, 이름은 난아(蘭兒)였는데, 1835년 북경에서 태어났다. 부친 혜징(惠徵)은 여러 지방 관리로 근무했으므로, 그녀는 부친을 따라 타지를 전전

권모술수가인 서태후

했다. 그러다가 문종 함풍제
(咸豊帝) 때 수녀(秀女)로 뽑
혀 궁으로 들어갔다. 그녀는
집안이 대대로 관리를 지
내 비교적 풍족했으므로 어
려서부터 좋은 교육을 받을
수 있었다. 특히 그녀는 총
명하여 만주어와 한어에 정
통하고,『시경』『서경』등 경

서에도 능했으며, 악기와 서법, 그림도 배웠다. 빼어난 미모
로 궁에 들어간 그녀는 황제의 총애를 받기 위해 태감에게
뇌물을 주기도 하고, 황제가 지나가는 길목에서 매일같이 달
콤한 노래를 부르기도 하면서 그녀의 야망대로 기어이 함풍
제의 사랑을 독차지하게 되었다. 이후 귀인(貴人)을 거쳐 아
들을 낳음으로써 의귀비(懿貴妃)로 봉해졌다.

영명한 천자가 속출한 청조였지만, '아편전쟁'과 '태평천
국의 난' 이후로는 계속 어린 군주가 나와 궁정 내부는 건
잡을 수 없이 문란해지고 있었다. 제2차 아편전쟁인 애로우
(Arow)호 사건 이후 1860년, 영국군과 프랑스군이 북경을 함
락시키자 문종 함풍제(1850~1861)는 열하로 몽진하고 함풍
제의 이복동생 공친왕(恭親王) 혁흔(奕訢)의 주도로 북경조약

이 체결되어 사태는 마무리되었다.

그러나 함풍제는 다음 해 이곳에서 세상을 떠났으니, 황제의 나이 31세였다. 이때 함풍제와 황후(자안황후 즉, 동태후) 사이에는 아들이 없었기 때문에, 아들을 낳아 귀비로 승격한 의귀비(자희황후 즉, 서태후)의 소생이 제위에 오르니 그가 바로 10대 목종 동치제(同治帝)다. 그런데 동치제는 겨우 6세였으므로 동태후와 생모 서태후가 섭정이 되고 함풍제의 동생인 공친왕 혁흔이 의정왕으로서 정치를 보좌했다. 물론 이같은 체제가 되기까지는 정치의 실권을 장악했던 양이파(攘夷派) 숙순, 재환 등 대신들을 제거하기 위한 서태후의 숨 막히는 계략과 공친왕의 술수가 주효했다. 이른바 피를 부른 신유정변(辛酉政變)이다. 이후 서태후는 야망의 날개를 펴기 시작했다.

권력 장악을 위한 악착같은 노력

서태후는 원래 만주 기인(旗人) 혜징의 딸로 서열이 낮은 후궁이었으나, 함풍제의 유일한 아들을 낳음으로써 권좌에 오르게 되었으며, 앞에서 언급한 것처럼 대단한 재녀로서 중국 고전에 능통하고 서화와 음악도 곧잘했다. 그녀는 권력욕이 강하여 계속 정치의 실권을 잡으려고 획책했다. 집권 후

보석과 비단으로 치장한 서태후

그녀는 증국번, 이홍장 등 한인 관료를 등용하고 그들에게 서양의 군사 기술을 채용한 양무운동을 진행시켰다.

동치제가 성년이 된 이후인 1873년 섭정은 끝났지만, 서태후는 온갖 조서를 만들어 수렴청정을 계속하면서 국사를 장악했다. 심지어 그녀가 젊은 황제에게 무절제한 생활을 하도록 유도해 황제의 죽음이 앞당겨졌다는 소문마저 돌기도 했다.

실제로 동치제는 엄격하고 냉혹한 생모 서태후보다는 정치적 야심이 없고 마음씨 곱고 온순한 동태후를 더 따르고 좋아했는데 서태후는 이것이 마음에 들지 않았다. 뿐만 아니라 황후를 간택할 때 서태후가 추천한 사람을 마다하고 동태후가 추천한 상서 승기의 딸을 황후로 맞이하자 서태후는 동치제를 더욱 미워했다. 화가 난 서태후는 "공부에 방해가 된다"는 평계로 황제를 황후 방에 들지 못하게 했다. 그러자 황제는 홍등가로 외도하였고, 매독에 걸려 세상을 떠났다. 그때가 동치 13년(1874), 동치제의 나이 겨우 19세였다.

동치제가 죽자, 서태후는 군대의 힘을 빌려 제위계승의 원칙을 무시하고(동치제의 황후가 잉태 중이었으므로 출산을 기다렸다가 아들일 경우 황제에 즉위시킬 수도 있었다) 자신의 여동생과 시숙 혁현(奕譞, 함풍제 동생) 사이에서 태어난 조카 재첨(載湉)을 양자로 삼아 제위를 넘겨주었으니, 그가 제11대 덕종 광서제(光緖帝)이며 제위 당시 겨우 4세였다. 이에 서태후는 아예 정치 일선에 나서서 끊임없이 악행과 추문을 남기며 수렴청정을 했다.

명목상으로는 두 명의 태후가 계속해서 섭정을 하는 형식이었지만, 서태후는 동태후의 충고나 충언이 못마땅했다. 1881년 동태후가 갑자기 사망하자 권력은 완전히 서태후의 수중에 들어갔다. 당시 "동태후는 병사한 것이 아니라 서태후가 독이 든 떡을 보내 독살한 것이다"라는 소문도 떠돌았으니 진상은 알 수가 없으나 개연성은 높다. 3년 후 서태후는 방해물 공친왕을 제거하고 그가 추진하던 개혁 정책의 대부분을 폐기시킴으로써 권력을 독점했다. 이후의 청조 정치는 완전히 서태후의 뜻대로 되었으며, 광서제 부친 순친왕 혁현이나 손육문 등은 모두 서태후의 괴뢰에 불과했다.

1889년, 광서제는 19세로 이미 성년에 달했으므로 성혼을 하고 그로부터 친정을 하게 되었다. 광서제는 마음에 드는 여인이 있었지만, 서태후가 이를 허락지 않고 자기의 질녀를 황후로 세웠다. 서태후는 이때부터 명목상으로는 은퇴하여 북경 교외에 있는 호화로운 궁전 이화원에서 지냈으나, 중요한 정치에 관해서는 일일이 황제를 불러서 지령을 내렸으며 한시도 경계의 눈을 누그러뜨리지 않았다.

역사에 오명을 남긴 서태후

중국은 청일전쟁(1894~1895)에서 충격적인 패배를 당했다. 그런데 전쟁 초기 서태후는 자신의 환갑기념행사 준비에 몰두해 전쟁에는 관심도 없었으며, 행사 비용으로 무려 1,000만 냥의 공금을 낭비했다. 이 같은 낭비 때문에 군비가 삭감되어 결국 청나라 해군은 일본 해군에게 참패하고 말았던 것이다. 패전 결과 청은 막대한 배상금을 지불하고, 대만을 할양하는 불리한 조건의 시모노세키 조약(下關條約)을 받아들여야 했다.

그 후 3년이 지난 1898년, 서태후의 간섭을 싫어했던 젊은 광서제는 입헌파 강유위(康有爲)와 결탁하여 신정(新政)을 실시하여[무술변법(戊戌變法)] 입헌군주제를 위한 급진적 전환을 추진했다. 그러자 서태후는 원세개(袁世凱) 등 보수파 관료와 쿠데타를 감행해 신정(新政)을 100일로 종식시키고 광서제를 유폐시켜 버리는 무술정변(戊戌政變)을 일으켰다.

역사가들은 대부분 이 사건으로 인해서 중국이 평화롭게 변화할 수 있는 마지막 기회가 무산된 것으로 보고 있다.

1903년, 68세 때의 서태후

1900년, 의화단의 반제국주의 투쟁이 고조되자 서태후는 자신의 보신을 위해 의화단의 힘을 배외운동에 이용하여 열강에 대해 선전포고를 했다. 그러나 8개국 연합군의 침입을 받아 서안으로 피신했으며, 결국은 치욕스러운 강화 조건을 받아들여 신축조약(辛丑條約, 북경의정서)을 맺을 수밖에 없었다. 막대한 배상금을 지불하고 북경에 외국군이 상주하는 것을 인정하는 등 12개조의 굴욕적인 조건을 받아들여야 했다.

1902년, 북경으로 돌아온 서태후는 입헌 준비·실업·교육 진흥·군사제도 정비 등 신정(新政)을 실시했다. 1898년 자신이 무산시켰던 개혁정치를 하지 않을 수 없었던 것이다. 그러나 그것은 당장 쓰임새가 있을 듯한 항목을 주워 모은 것에 지나지 않았으며 또한 이미 때는 늦었다.

서태후의 대외정책은 일관되지 못하고 지리멸렬함을 면치 못했으며, 결국 배외정책에서 굴욕적인 외교로 전락하여 중국의 반(半)식민지화는 더욱 심각해졌다. 이미 동태후와 혁흔을 몰아내고 '천상천하 유아독존'이 된 서태후는 더욱 권력 유지에 집착하며 오로지 사치 충동을 폭발시키는 데에 쾌감을 느끼는, 말 그대로 요괴 같은 존재가 되었다. 개인적인 생활에 있어서 옷만 해도 3,000여 상자가 넘었으며 하루에도 몇 번씩 옷을 바꿔 입는 사치꾼이었고, 또한 아주 거짓투성이였다고 전해진다. 청조의 권위 실추와 함께 혁명운동·입헌운동이 고조되는 가운데 1908년 그녀는 광서제와 하루를 사이에 두고 사망했다.

평상시에 기름진 음식을 좋아한 그녀는 위장기능이 저하되어 항상 복부팽만과 설사에 시달려야 했다. 1908년 10월 13일, 그녀는 생일을 기하여 큰 연회를 베풀었는데, 여러 날 동안 과식하여 5일째 되던 날 이질이 발병했다. 결국 서태후는 병이 악화되어 죽었으니, 그녀의 나이 74세였다.

그러나 서태후는 마지막까지 권력을 손에 쥐고 놓지 않았다. 그녀가 죽기 전날 광서제의 죽음이 공표되었는데, 광서제는 그녀의 명에 따라 독살된 것으로 추측된다. 광서제가 죽자, 그녀는 즉시 (광서제도 자식이 없었으므로) 광서제의 동생인 순친왕 재례(載澧)의 아들 부의(溥儀)를 황제로 세우고 선통(宣統)이라는 연호를 정하고 죽었다. 부의는 겨우 3세의 나이로 왕위에 오른 마지막 황제 선통제였다. 그러나 선통제는 결국 재위 3년 만에 옥좌에서 물러나야 했고, 중국은 신해혁명(辛亥革命)으로 아시아 최초의 공화국인 중화민국을 탄생시키니 왕조 체제의 종말을 고하게 되었다.

서태후가 장기간에 걸쳐 청나라의 최고 권력을 장악할 수 있었던 요인은 무엇이었을까? 그녀는 목적을 달성하기 위해 유리한 세를 조성한 다음, 그 세에 올라타는 능력과 재주를 가지고 있었다. 환관들의 공헌도 빼놓을 수 없다. 환관들은 서태후의 눈과 귀가 되어 궁중의 모든 정보를 수집했고, 그녀의 손발이 되어 온갖 악행을 자행했다. 또한 서태후는 그동안 정책적으로 억눌렸던 환관들에게 신뢰의 표시로 지위를 격상시켜 주었다. 한 예로 1887년 조정 대신들이 이홍장의 북양해군 열병식에 참가했을 때, 서태후의 총애를 받던 환관 이연영(李蓮英)이 서태후 대신 참가하여 열병할 정도로 막강한 위세를 과시했다.

권모술수가인 서태후는 48년간의 통치 기간 중 청조의 정치를 문란케 하고 사회 질서를 파괴하고 국가를 나락으로 떨어뜨림으로써, '민족의 죄인'이라 불리는 유일한 태후다.

남존여비에 항거한 청 말의 여성혁명가, 추근

남장 여인 추근

1907년 7월 15일, 아직 동트기 전 고요한 어둠에 싸인 소흥의 헌정에서 불같이 열정적이었던 한 여성혁명가는 비밀리에 살해되고 말았다. 그녀의 이름은 추근(秋瑾, 1875~1907), 당시 나이는 32세였다. 추근의 짧은 생애는 일순간에 밤하늘을 물들이고 사람들에게 경탄과 찬미를 남긴 채 사라지는 불꽃과도 같았다. 추근이 여성해방을 호소하고 반청(反淸)을 부르짖는 혁명 활동에 참가한 것은 인생의 마지막 3년간에 지나지 않았지만, 그 광휘는 뜻 있는 많은 사람들에게 감동과 발분을 금치 못하게 했다.

추근은 광서제가 즉위한 1875년, 아버지인 복건제독 추수남(秋壽南)과 관료 집안 출신으로 시문에 능하고 교양이 풍부한 어머니 단(單) 씨 사이에서 태어났다. 어릴 때부터 총명했던 그녀는 오빠 추예장(秋譽章)을 따라 경서와 고전 시문을 배웠으며, 절강성 소흥으로 이주한 이후에는 승마와 검술, 봉술, 권법 등 무예도 익혔다. 그녀는 남자에게 밀리지 않으려면 문무를 두루 갖추어야 한다고 늘 생각했다. 이 같은 추근의 재능과 개성을 풍부하게 개화시켜 준 사람은 다름 아닌 그녀의 어머니였다. 추근이 혁명에 뛰어들고 나서 평생 남자 옷차림을 즐겨하고, 구국을 위한 강한 열망을 시문으로 표현한 것 등은 바로 이 같은 어린 시절에서 비롯된 것이었다.

불행한 결혼생활과 여성해방을 위한 탈출

20세가 되던 해, 아버지의 전근으로 호남으로 이사한 추근은 상담(湘潭) 부호의 아들 왕정균(王廷鈞, 자는 子芳)과 중매로 결혼했다. 남편은 부잣집 아들이었지만, 재색을 겸비하고 남자처럼 호방한 추근과는 대조적이어서 애당초 어울리지 않는 부부였다. 추근의 표현에 따르면, 왕정균은 "신의가 없고 인정도 없으며, 도박을 좋아하고 타인을 기만하여 자신의 이익만을 좇는 사람"이었다. 결혼 후 상담(湘潭)에서 그녀는 남편과 금슬이 좋지는 않았으나 가정에 파묻혀 살면서 1남 1녀를 낳고 그런대로 하루하루를 보내고 있었다. 그러던 중 1903년, 그녀의 남편이 백은(白銀) 1만 냥을 주고 칭조 징부의 호부주사(戶部主事) 관직을 얻었기 때문에 상담을 떠나 북경으로 이주하게 되었다.

북경에 이사 온 그녀는 의화단 사건 이후 국가가 나날이 열강에게 침식되고 쇠퇴해 가는 모습을 직접 눈으로 지켜보면서 구국의 염을 강하게 느끼고 있었다. 그러던 중 추근의 생애에 중요한 영향을 준 두 사람을 만나게 된다.

남편의 동료인 영남호의 아내로서 시문도 짓고 서예가로 이름이 있던 오지영(吳芝瑛)과 만나게 되면서 추근은 새로운 인생의 길과 생활방식을 추구하기 시작했다. 또 한 사람은 오지영을 통해 만난 사람으로, 일본 도쿄대학(東京大學) 출신으로 경사대학당(京師大學堂: 북경대 전신) 사범대학 학장으로 초빙된 핫토리 우노기치(服部卯之吉)의 아내 시게코(繁子)였다. 그녀는 추근에게 영어와 일본어 교사를 소개해 주고 그녀의 일본 유학에 동행해 많은 도움을 주었다.

추근은 "여자는 학문을 익혀 자립하지 않으면 안 된다. 매사를 남자에 의존해서는 안 된다. 오늘날 젊은이들이 부르짖는 혁명은 자신의 가정에서부터 시작되어야 한다"라고 생각하게 되었다. 정열적이며, 생각한 것은 곧 실행에 옮겼던 추근은 새로운 인생관을 실행하려면 가정에만 머물 수 없었다. "이제까지의 삶은 말이나 소와 같은 노예의 삶이었다. 새로운 학문을 몸에 익혀 자활의 길을 가지 않으면 안 된다. 우선은 일본으로 건너가 공부하리라"라고 마음먹었지만 남편이 쾌히 승낙할 리 없었다. 추근은 이미 남편과의 결혼을 후회하고 있었고 마음이 맞지 않는 남편에게 더 이상 순종할 생각도 없었다. 그녀는 남편의 반대에도 과감히 두 아이를 친정어머니께 맡기고, 곧장 보석을 팔아 여비를 마련해서 자신의 계획을 실행에 옮겼다.

일본 유학과 혁명 활동

봉건적인 가정의 끈을 단절한 추근이 도쿄(東京)로 건너간 것은 30세가 되던 1904년 여름의 일이었다. 당시 일본에 유학한 여학생은 극소수였다. 추근은 우선 유학생회관 부설강습소에서 일본어를 공부했고, 급진적인 유학생들의 글을 접하면서 혁명의 길로 한걸음 더 나아갔다. 그리고 학문을 익혀 자립하고 남성에게 의존하지 않는 제2의 인생을 걸어가기 시작했다.

이듬해 4월, 아오야마(靑山)의 짓센(實踐)여학교 부설 사

일본 유학 당시의 추근

범반에 입학했는데 그 전에 이미 잡지 『백화(白話)』에 "삼가 중국의 2억 여성 동포에게 고(告)하는 글" "우리 동포에게 고하는 글" 등을 게재했다. 그 글에서 추근이 주장했던 요지는 전족(纏足)의 폐해와 교육의 필요성, 유학 장려, 남녀 평등 등이었다.

전족은 근 1,000년 간 중국 여성의 기동성과 자유를 억압했으며, 여성을 성의 도구로 생각하여 작은 발을 만들려는 특이한 관습으로 고통과 폐단은 이루 말할 수 없었다. 이 관습은 청대에 가장 성행하여 전족을 하지 않으면 좋은 곳에 시집갈 수도 없었으며, 전족은 여자로서 살아가기 위한 신분증명서와 마찬가지였다. 현명하고 현대적이었던 추근의 어머니도 딸을 양가규수로 만들기 위해 전족을 시키려 했다. 그러나 추근은 밤마다 헝겊을 풀어 놓곤 했는데 결혼한 후에는 아주 방족[放足: 전족한 후 헝겊을 풀어 낸 발을 말함. 이에 비해 천족(天足)은 전족을 아예 하지 않은 발을 의미함]해 버렸다. 이 같은 체험을 통해 추근은 전족으로부터 여성의 발을 해방시켜야 한다고 강력히 주장했으며 천족회(天足會)를 창립했다.

또한 남녀평등을 주장하여 남존여비의 봉건 예교에 반대했고 여성의 경제적 독립을 강조하고 여성 교육을 주장했다. 특히 "삼가 중국의 2억 여성 동포에게 고하는 글"에서는 "2억 명의 남성은 문명 세계에 들어섰는데 우리 여성 동포는 아직도 18층 지옥 암흑 속에 빠져 한층도 기어오르려고 생각지 않는다. 한평생 안다는 것은 남자에게 의지해서 먹고 입는 일 뿐이다. 울안에 갇힌 소나 말과 같은 처지다"라고 절규하며 남성 중심 사회로부터의 해방, 그러기 위한 여성들의 자립과 교육, 남녀 평등을 강조하면서 중국 여성의 각성을 촉구했다.

1905년, 일본 도쿄에서 손문(孫文)의 주관으로 중국동맹회가 결성되자 그녀는 곧 가입하고 여권 신장과 혁명 운동에 노력했다. 당시 유학생들 간에 청조 타도의 사조가 강해질 무렵 청조의 요청으로 일본 문부성이 중국 유학생의 집회 결사와 언론 자유를 금지하는 '청국 유학생 취체 규칙'을 발표했다. 당시 일본의 중국 유학생 수는 약 7,000~8,000명에 달했는데, 퇴학하여 귀국하자는 파와 인내심을 갖고 학업을 계속하자는 파로 나뉘었다. 추근은 일제히 귀국하여 항의의 뜻을 표하자는 강력한 의견을 주장했다.

추근의 희생, 역사에 이름을 남기다

추근은 혁명가의 길을 선택해 목숨이 다할 때까지 매진하기로 작정했다. 1906년, 삼합회 회원 유도일 등 9명과 10인단(十人團)을 조직하여 귀국한 후 그녀는 일본에 잔류한 왕시택(王時澤)에게 다음과 같은 편지를 보냈다.

"경자년(1900년, 의화단운동이 일어난 해) 이래 나는 나의 생명을 돌보지 않았다. 만일 성공하지 못하고 죽는다 해도 후회하지 않는다. …… 남자로 광복을 위해 목숨을 바친 사람은 많으나 여자로 희생한 사람은 없다는 사실은 여성계의 수치다."

반청 열사 추근

귀국 후 추근은 절강 호주(湖州)에 있는 심계여학교의 교사로 지내면서 여성해방과 혁명 사업에 매진했다. 그러나 얼마 뒤 추근은 보수적인 학교 당국과 마찰을 빚어 사직했고, 상해로 돌아와 장강 일대의 회당(會黨: 비밀결사의 일종)을 혁명에 끌어들이기 위해 노력했다.

1907년에는 여성 잡지 『중국여보(中國女報)』를 창간하여 여성을 계몽시키고, 또한 여성의 연합과 조직을 위한 지표가 되고 등불이 되고자 했다. 추근은 평등의 대가를 지불하려면 여성도 반청 혁명에 참여하여 남자와 어깨를 나란히 하고 나라에 보답해야 한다고 주장하며, 직접 청조 타도의 무장 봉기에 뛰어들었다.

추근은 호남의 유도일 등의 봉기에 호응할 목적으로 서석린(徐錫麟)이 세운 혁명 전진기지인 대통사범학당을 거점으로 봉기를 준비했지만 이 일은 실패하고 말았다. 이후 서석린은 안휘에서, 추근은 절강에서 재차 광복군을 조직해 거사 준비를 함과 동시에 봉기하려는 계획을 세웠다.

그러나 계획이 사전에 알려지면서 다급해진 서석린은 경찰학교 졸업식장에서 의례를 주관하던 안휘성 최고장관인 안휘순무 은명(恩銘)을 저격해 살해했지만 곧 체포되어 처형되고 말았다. 곧이어 추근도 동료 중 한 사람의 밀고로 그 정체가 밝혀져 결국 1907년 7월 14일 체포당했다. 그녀는 끝까지 비밀을 지켰으나 다음 날 형장의 이슬로 사라졌다. 그날 그녀는 '가을비 가을바람 애간장을 태우는구나(秋風秋雨愁煞人)'라는 절명시를 남겼고, 이렇게 추근은 32세의 불꽃 같은 생애를 마감했다.

거사가 실패했을 때 그녀는 도망갈 수 있는 시간이 충분히 있었으나 여자도 남자와 함께 민족을 위해 희생해야 한다는 사상이 간절했기 때문에 목숨을 돌보지 않고 정의의 죽음을 택했던 것이다. 그리하여 그녀는 "여자가 영웅이 될수 없다고 말하지 말라. 용천(龍天: 옛 보검)의 날이 운다"라는 씩씩한 기상을 갖고 반청 혁명을 위해 몸을 바친 첫 번째 여성 열사가 되었다.

추근은 중국 근현대사의 제1세대 혁명가이자 반청 혁명가이며, 가장 먼저 자각하여 혁명 활동과 여성해방운동을 위해 헌신한 선구자적인 여성이었다. 3년이라는 짧은 기간이었지만 그녀가 개척한 여성해방운동과 혁명운동은 그 뒤를 잇는 중국 현대사의 수많은 여성 운동가와 여성 리더들에게 넓은 길을 열어 주었다. 노신(魯迅)은 추근의 선구자적 리더십과 강인한 영웅의 기개를 찬미하고 존경을 보냈으며, 곽말약(郭沫若)은 "민족해방뿐만 아니라 여성해방운동의 선구자의 전형을 이루었다"라고 그녀의 역사적 공적을 높이 평가했다.

엄동에 피어난 홍매 같은 혁명가, 하향응

전족을 거부한 아이

중화민국의 국부 손문(孫文)의 오른팔이었던 요중개(廖仲愷)의 부인 하향응(何香凝, 1878~1972)은 중국 국민당 좌파로서 국민 혁명과 여성해방에 힘을 쏟은 맹호 같은 여성 혁명가다.

하향응은 서태후가 통치했던 1878년, 홍콩의 부유한 차상인의 집안에서 태어났다. 그녀는 3남 9녀 중 아홉째로, 비록 체격은 왜소하고 유약해 보였으나 총명하고 용감한 성격을 가진 아이였다. 어려서부터 억척스러움이 남자 형제를 능가

할 정도여서 그녀의 어머니는 하향응을 정숙한 처녀로 만들기 위해 강제로라도 전족을 시키려 했다.

그러나 천족(天足)을 한 태평천국의 여성 투사를 동경하던 하향응은 전족을 완강히 거부했고, 모두가 잠든 틈을 타서 발을 싸맨 베를 풀어 버리곤 했다. 결국 아버지는 "그 아이는 그대로 놔두라"라고 명령하여 어머니도 포기하고 말았다. 또한 여자는 글을 배울 필요가 없다고 하자 그녀는 부모 몰래 책을 보았고, 모르는 것이 있으면 하녀를 서당 선생에게 보내어 알아오도록 하면서까지 배우려 하여 스스로 학문을 익혔다.

이 억척스러운 큰 발의 소유자인 하향응을 오히려 반기며 아내로 맞이한 사람은 요중개(廖仲愷)였다. 그는 훗날 손문의 최측근으로 활약한 좌파로서, 미국에서 출생하여 트리니티 대학(Trinity College)에서 교육을 받았으므로 전족을 하지 않은 여성과의 결혼을 원했다. 주위 사람을 비탄에 빠트렸던 하향응의 큰 발은 아이러니컬하게도 생애 최고의 반려자를 얻게 해 준 매개체였던 셈이다.

하향응의 나이 19세, 요중개의 나이 20세가 되던 해인 1897년에 두 사람은 결혼했다. 이들은 금슬 좋은 부부였으며 취향도 같아 함께 책을 읽고 국가대사를 의논했으며, 또한 청조의 부패무능에 격분을 금치 못했다.

그녀는 "나라의 흥망에는 일개 필부(匹夫)도 책임이 있다" 라고 느꼈다. 이후 1902년, 하향응은 친정의 반대를 무릅쓰고 가진 패물을 모두 팔아 요중개를 일본으로 유학 보냈으며, 그녀도 곧 남편을 따라 일본으로 건너갔다.

남편 요중개와 함께 손문을 따라 혁명의 길로

그동안의 풍족하고 편안한 생활을 버린 그녀는 우선 일본 여자대학에서 일본어 학습에 정진하며 와세다 대학(早稻田大學) 경제예과에 입학한 요중개와 함께 중국인 유학생 집회에 참가했다. 여기서 혁명 청년 호한민, 주집신, 추근 등과 알게 되었고, 서로 격려하며 반청 혁명 사상을 싹틔웠다.

1903년 봄, 두 사람은 도쿄의 간다(神田)에서 혁명가 손문을 처음 만났다. 청조를 뒤엎고 민국을 건립해야 한다는 손문의 연설에 감명 받은 그들은 이때부터 혁명 사업에 평생을 바칠 것을 맹세하고 동맹회 활동을 적극적으로 도왔다. 이들 부부는 손문의 부탁을 받고 유일(留日)중국청년학생회를 조직했으며, 의용대를 조직하고 군사 지식을 학습해 무장 투쟁을 준비했다. 하향응은 같은 숙소에 거주하던 의용대를 위해 가사를 돌보았으며, 매일 아침 일찍 일어나 물을 끓이고 밥을 지었다. 밥도 한번 안 해 본 부잣집 딸로서 결코 쉬

송문과 함께한 하향응

운 일은 아니었다.

하향응은 1904년에 장녀 요몽성을 출산한 후 자식을 친정에 남겨 둔 채 다시 일본으로 돌아왔다. 1905년 도쿄에서 중국동맹회가 정식으로 발족되자 하향응은 첫 번째 여성회원이 되었다. 이후 하향응은 중국동맹회의 온갖 어려운 일들을 도맡아 하며 어떠한 고생도 달갑게 참을 수 있었다. 특히 손문의 지시에 따라 세계 각지의 화교들에게 혁명을 선전하는 편지를 보내 많은 원조를 받아 냈다. 그녀는 나중에, "그때나의 고생은 중화혁명을 위한 것이라는 하나의 신념이 있었다. 이를 생각할 때마다 어떤 고생도 참을 수 있었으며, 즐거웠고, 피곤하지도 않았다"라고 회상했다.

그녀는 1906년에 메지로(目白)일본여자대학 교육학부에 입학했고, 1908년에는 장남 요승지를 출산한 뒤 이듬해 혼고(本鄕)여자미술학교의 동양화 전공 고등과로 전학, 심기일전하여 그림 공부를 시작했다. 남편 요중개는 와세다 대학을 자퇴하고 주오 대학(中央大學) 정치경제과에 편입하여 1909년 졸업한 뒤 손문의 명령으로 길림으로 건너가 북방에서의 혁명 세력 확충을 위한 활동을 전개했다.

홀로 도쿄에 남은 하향응은 1911년 봄, 여자미술학교를 졸업하자 어린 두 아이를 데리고 홍콩으로 돌아가 광주봉기에 참가했고, 10월 10일 무창봉기의 성공 소식을 접했다.

그러나 신해혁명의 성취는 원세개에게 빼앗겨 버리고 만다. 손문은 제2혁명에서 실패하여 다시 일본에 망명한 요중개, 하향응 등 반(反)원세개파 사람들을 결집하여 중화혁명당을 세우고 재출발을 도모했다. 2년 후인 1916년, 제제(帝制)반대의 민의(民意) 속에 원세개 정권이 무너지자 즉각 귀국한 손문은 공화국 재건을 위해 노력했으며, 하향응은 이번에도 호법(護法)운동을 힘껏 지원했다.

적 앞의 맹호 같았던 열정적 혁명가

1922년, 손문은 광동에서 혁명 세력을 모아 군정부를 조직했으나, 군대가 없는 손문은 광동군벌 진형명(陳炯明)과

하향응과 요중개의 가족사진

부득이 연합했다. 그런데 진형명이 반란을 일으켜 손문의 심복 등중원이 암살되고, 요중개는 감금되었으며, 손문의 부인 송경령은 행방불명이 되고, 총독부가 폭파·점거되는 일이 발생했다. 하향응은 먼저 백방으로 노력하여 송경령의 거처를 알아내고 군함 영풍함에 피신 중이던 손문에게 부인의 안부를 전해 줄 수 있었다.

그러나 60일간이나 감금되어 있던 남편 요중개는 살해될 것이라는 풍문이 돌았다. 억수같이 내리는 빗속, 산중에서 남편을 겨우 찾아내자 그녀는 죽을 각오로 진형명 앞에 서서 "요중개가 도대체 당신들에게 무슨 잘못을 했는가? 나는 여기 올 때 집에 돌아갈 생각을 하지 않고 왔다. 당신이 나를 죽여도 두렵지 않다. 죽일 테면 죽여라. 다만 요중개를 석방할 생각이라면 나와 함께 보내 달라"라고 큰소리로 외쳤다. 비에 흠뻑 젖은 채 몹시 노한 하향응이 한 걸음도 물러서지 않자, 그 서슬에 놀란 진형명은 요중개의 석방을 약속했다.

하향웅은 "이 일이 일생의 투쟁 중에서 얻어 낸 중대한 승리의 하나였다"라고 뒷날 회상했다.

이렇듯 간신히 남편을 구출했음에도 불구하고 의외로 요중개와의 이별은 또다시 찾아왔다. 연소(聯蘇), 용공(容共), 노농부조(勞農扶助)의 기치로 1924년에 손문이 단행한 국민당 개조에 반대했던 우파는, 1925년 3월 손문이 죽은 후 손문의 유언을 충실히 집행하려고 노력하던 요중개에게 공격의 화살을 돌렸다. 그해 8월 20일, 국민당 본부의 중요 회의에 참가하러 가던 중 하향웅이 보는 앞에서 요중개는 우파의 총탄에 쓰러지고 말았다.

반년도 안 된 사이에 소중한 사람을 둘이나 잃은 하향웅은 망연자실했다. 그러나 장례식 날 하향웅은 자기 집 문 앞에 "정신은 죽지 않는다"라고 써 붙임으로써 분노와 슬픔으로 가득 찬 그녀의 결의를 보여 주었다.

1926년, 북벌이 진행되어 광동의 국민정부가 무한(武漢)으로 떠날 때 그녀도 그곳으로 갔다. 하향웅은 매령을 넘으며 눈 쌓인 산봉우리에 강렬하게 활짝 핀 붉은 매화를 보면서 "붉은 매화는 눈과 서리를 비웃으며 오만하게 피어 있구나……"라고 시 한 수를 읊으며, 어떠한 방해에도 굴하지 않고 북벌을 완수해야 한다는 자신의 심정을 토로했다.

그러나 성공한 듯 보였던 국민혁명도 1927년 장개석의 4·

동양화에 능했던 하향응

12 반공 쿠데타로 붕괴되고 1,000명 이상의 여성 활동가가 학살되자 그렇게 강하던 하향응도 좌절의 눈물을 흘렸다.

"무엇 때문에 그리도 열심히 살아왔던가……."

실망한 그녀는 요중개와 손문이 잠든 묘소에 찾아가 "열사의 피는 과연 누구를 위해 흘렸던 것입니까?"라며 비탄에 젖어 울부짖었다.

그녀는 국민당 내에서의 모든 직책을 버리고, 남편의 유지를 계승하기 위해 창립한 중개농공학교 일도 접고, 장개석 국민당과 결별하고는 프랑스로 가서 그림을 그리며 칩거했다. 그러던 중 1931년에 만주사변이 발발하자 곧 귀국하여 송경령과 함께 항일전 지원에 뛰어들었다. 그러나 장개석이 안내양외(安內壤外)의 정책을 내세우며 일본에 대해 부저항으로 나가자, "스스로 남자라 칭하면서 적에게 굴복하여 싸움도 하지 않고 강산을 넘겨 주니 만세치욕이 아닐 수 없도다. 우리 여성이 바라는 것은 전장에 나가 죽는 것이니, 우리의 스카프와 치마를 당신의 군복과 바꾸는 것이 어떻겠소"라는 시를 자신의 치마에다 적어 장개석에게 보냈다.

영원한 '민국 13년의 국민당원'

하향응은 여성 운동에도 많은 업적을 남겨 국민당 초대 중앙부녀부장을 지냈으며, 광동성당부 부녀부장도 겸직했다. 그녀는 부녀부장이 된 뒤 『부녀지성(婦女之聲)』이란 잡지를 창간하고 부녀운동의 발전을 촉진했다. 국민당 제2회 전국대표대회에서는 '여성운동결의안'을 발표함으로써 중국 여성운동에 획기적인 성과를 이룩했다. 그리고 항일 기간 중 하향응은 상해여성전선위문대, 구호훈련반, 중국부녀항일후원회 등을 조직하여 전시 구호구제 사업을 진행했다. 뿐만 아니라 송경령이 운영한 중국민권보장동맹, 보위중국동맹 등의 활동에 적극적으로 참가하여 항일전에 힘쓰는 국군, 신사군, 팔로군을 두루 도왔다.

종전 후 중국 국민은 연립정부 수립을 호소하며 국공내전을 반대했으나, 이 또한 무산되자 결국 하향응은 중공 정권에 합류했다. 하향응은 신중국 중화인민공화국에서 정협전국위원회 부주석, 중앙인민정부위원회 위원, 헌법기초위원회 위원, 중국전국부녀연합회 명예주석, 화교사무위원회 주석, 중국미술가협회 주석 등 중요 요직을 역임했으며, 1972년 94세의 천수를 누리고 사망했다.

하향응의 활동 중 특히 눈에 띄는 것은 중국미술가협회

마오쩌둥과 악수하는 하향응

주석이다. 그녀는 도쿄의 미술학교에서 회화를 전공했고, 개
인 지도도 받은 미술의 재원이었다. 특히 호랑이를 주제로
한 동양화에 능했는데, 용맹하고 두려움을 모르는 힘과 용기
를 가진 호랑이를 국민혁명 정신의 상징으로 전화시키고 싶
은 강렬한 염원 때문이었다. 그리고 하향응은 생애를 마칠
때까지 그녀 자신을 '민국 13년의 국민당원'이라고 불렀다.
민국 13년은 바로 손문이 제1차 국공합작을 성사시킨 희망
적이었던 1924년을 뜻하는 것이었다.

中国을 사랑한 최초의 퍼스트레이디 송경령과 그 자매,
송애령·송미령

송가수의 세 딸

중국 4대 재벌 가운데 하나인 절강 재벌 송가수(宋嘉樹, 1866~1918)는 세 여걸을 딸로 두었다. 첫째 애령(靄齡, 1888~1973)은 돈을 사랑했고, 둘째 경령(慶齡, 1892~1981)은 나라를 사랑했고, 셋째 미령(美齡, 1897~2003)은 권력을 사랑했다. 동일한 생장 환경과 교육 환경 속에서 자랐으면서도 세 자매는 각기 다른 인생관을 갖고 서로 다른 인생행로를 걸어갔다. '송씨 집안 세 자매'의 생애는 극히 파란만장한 인간 드라마일 뿐만 아니라, 중국 혁명과 20세기의 역사에 남

서로 다른 길을 간 세 자매
송경령·송애령·송미령

을 귀중한 증언을 함축하고
있다.

송애령(공상희의 부인), 송
경령(손문의 부인), 송미령(장
개석의 부인), 송자문, 송자량,
송자안 등 6남매의 아버지
였던 송가수는, 해남도(海南
島)의 가난한 상인의 집에
서 태어나 어릴 때 보스턴
(Boston)에서 상업을 하는 외

삼촌의 양자가 되어 미국으로 건너갔다.

그러나 장사에 흥미를 느끼지 못하고 그곳을 도망쳐 나와
전전하다가 자선가의 도움으로 학교에 들어가 신학을 공부
했다. 1886년에 귀국하여 상해에서 「만국공보(萬國公報)」의
발행인으로 유명한 알렌(Young J. Allen) 밑에서 기독교 전도
사로 일했지만, 알렌의 권위적인 태도에 불만을 느껴 독자적
인 전도 활동을 하기 위해 사임했다. 그 후 상해에서 외국 자
본의 대리인으로 일했고, 나중에는 스스로 제분공장과 인쇄
소를 경영하는 부르주아로 성장했으며, 한편으로는 일찍부
터 손문의 혁명 활동을 원조했다.

어머니 예계진(倪桂珍)은 그 당시 여성으로서는 드물게 여

자중학까지 졸업했다. 서광계의 후손으로서 대대로 독실한 기독교 집안이었기 때문에 중국에 학교 제도가 생기기 훨씬 전부터 교회가 전도를 목적으로 세운 여학교에서 교육을 받았다. 그런 만큼 가난한 사람에게는 아낌없이 도움을 주는 복음주의자였다. 가정 교육은 상당히 엄했지만, 장녀인 송애령과 막내딸 송미령은 꽤 활달했고, 중간인 송경령은 내성적이며 온순했다고 한다. 세 딸은 모두 전족을 하지 않았으며 학교 교육을 받았다. 송애령이 중서여숙(中西女塾)에 입학한 것은 1898년인 5세 때였다. 바야흐로 중국 자본주의가 최초의 성장기를 맞이하려는 때였으며, 외국 문화에 대한 관심이 높아지고, 여성 교육이 주목되기 시작하여 기독교인과 개화 지식인 사이에서 '천족 운동'이 일어나려고 하던 무렵이었는데 송가수 부부는 그 선구자였다.

송경령과 송미령도 언니처럼 각기 5세 때 부속 유치원에 들어갔는데 모두 기숙사 생활을 했다. 그 무렵, 이미 무술변법에 실패한 중국에서는 의화단 봉기를 시발점으로 1900년에는 손문의 두 번째 봉기가 일어났다. 당시 굴욕적인 신축조약(辛丑條約)과 막대한 배상금을 떠맡은 청조는 산업 진흥과 과거제도의 폐지 등 신정(新政)을 내걸었다. 그러나 그 때문에 국민의 부담은 점점 가중되어 여기저기 폭동이 일어나고 있었다.

세 자매의 미국 유학

1904년, 송애령은 미국의 웨슬리언 여자대학(Wesleyan Female College)으로 유학을 갔다. 당시 미국은 중국인 노동자의 입국금지 조치를 취하려던 차여서 송애령은 엄격한 검문을 받느라고 잠시 동안 배에 머물러 있어야 했다. 아버지가 이상(理想)의 나라라고 생각하던 미국으로 향한 첫걸음은 송애령에게는 좋지 않은 기억으로 남았다. 웨슬리언 여자대학에 입학한 그녀는 이듬해 아는 사람의 소개로 루스벨트(Theodore D. Roosevelt) 대통령을 만날 기회가 주어지자 입국 당시의 체험을 이야기하며 "미국은 언제까지나 자유로운 나라이기를 바란다"라고 말하여 대통령이 머리를 숙이게 했다. 당시 그녀의 배후에는 1908년 화교들 사이에서 시작되어 중국 본토로 확산된 반미 보이콧 운동이라는 힘이 있었던 것으로 여겨진다.

1911년에는 송경령과 송미령도 미국으로 건너갔으며, 다음 해에는 송애령이 우수한 성적으로 졸업하여 귀국했다. 송경령은 웨슬리언 여자대학에 들어가 철학에 흥미를 갖고 철학을 전공하게 되었으며, 또 문학잡지를 편집하기도 했다. 이때 중국에서는 이미 손문이 지도하는 중국동맹회가 각지에서 봉기를 일으켜, 추근을 비롯한 많은 혁명가가 희생되고 있었다.

송경령은 학내지(學內誌)「웨슬리언」에 게재된 "귀국 유학생의 중국에 미치는 영향"(1911.11.)이라는 글을 통하여 자신의 생각을 밝혔는데, 폭동을 부정하고 개혁에 기대를 걸고 있었으며 그 개혁의 초점은 대중의 행복에 맞추고 있었다. 그녀의 유학 목적은 단순한 흥미나 자기만족이 아니었다.

1911년 10월 10일에 무창(武昌) 봉기가 발발하여 다음 해 1월, 손문은 남경에서 임시 대총통이 되었다. 이 사실을 안 송경령은 혁명의 승리를 기뻐하며 "20세기의 가장 위대한 사건"이란 글에서 다음과 같이 말했다.

"혁명은 중국에 자유와 평등을 가져왔다. 고귀하고 영웅적인 많은 생명을 희생시킨 대가로 누구에게도 양도할 수 없는 이 두 가지 인간의 권리를 확립했다. 그러나 그와 더불어 박애(博愛)가 획득되지 않으면 안 된다. 박애야말로 자유와 평등의 기반이다."

이러한 생각은 그녀의 생애를 관철하고 있는 사상과 행동의 원류임을 볼 수 있다.

재벌 공상희와 결혼한 현실주의자, 송애령

한편 귀국한 송애령은 혁명을 위해 바쁘게 움직이고 있는 아버지를 도와 손문의 비서로 활동했다. 그러나 원세개의 반혁명, 그리고 이에 대항한 제2혁명 실패 후 손문과 송 씨 일가는 일본으로 망명했다.

1913년, 웨슬리언 여자대학을 졸업한 송경령은 8월 29일에 일본으로 건너가 아버지와 언니를 다시 만나 기쁨을 나누고, 다음날 손문의 집을 방문했다. 송경령의 어린 시절을 기억하던 손문이었지만, 아름다운 찬미자와의 재회는 그의 운명을 바꾸어 놓았다. 송경령은 혁명 활동을 돕고 싶다는 의사표시를 하고 일본과 중국을 몇 번이나 왕복하면서 송애령과 함께 손문을 도왔다.

다음 해 9월, 송애령은 미국 유학생으로 당시 일본 YMCA의 총간사로 있던 미국 오베린 대학(Oberlin College) 출신 공상희(孔祥熙)와 결혼하게 되어 그녀가 하던 영문비서의 역할을 송경령에게 맡겼다. 공상희는 산서성(山西省) 태곡(太谷) 태생으로 공자의 75대 자손이었으며, 매우 부유한 금융가 출신이었다. 두 사람은 요코하마(横浜)의 작은 교회에서 가족·친지의 축복을 받으며 결혼식을 올렸다. 큰언니 애령은 강철 같은 현실주의자로, 결혼 후 중국 세계를 마음껏 주물렀으나

77

정치에는 관심이 없었다.

부부는 귀국 후 산서성에서 오베린 대학 설립 활동을 했다. 송애령은 이 대학에서 한때 영어와 위생학 강의를 맡았는데, 중국 여성으로서는 아마도 최초로 대학 강단

송애령과 공상희

에 선 인물이 아닌가 싶다. 그러나 출산 후에는 사회 활동을 거의 하지 않고 현모양처로서의 역할에 충실했다. 자식이 없던 다른 두 자매와는 달리 애령 부부는 로자몬드, 데이비드, 제네트, 그리고 루이스 등 네 명의 자녀가 있었다.

구국을 위해 혁명가 손문과 결혼한 송경령

송경령은 영웅으로 숭배하던 손문의 곁에서 일하면서 그의 강인한 의지와 혁명 원칙에 깊은 감명을 받았고, 손문은 송경령의 사무능력과 어학력 그리고 순수한 조국애에 위안과 감동을 받았다. 그러나 두 사람의 결합에는 27세라는 나이 차이, 손문의 본부인, 송경령보다 나이 많은 아들(손과)을 비롯한 세 자녀, 송경령 부친의 강력한 반대와 주변의 수군거림 등 여러 가지 장애가 놓여 있었다.

손문과 결혼한 송경령

1915년 가을, 두 사람은 난관을 무릅쓰고 일본에서 결혼했다. 당시 손문의 나이는 49세, 송경령의 나이는 22세였다. 손문으로서는 '참다운 가정생활, 그리고 동료이며 협력자인 사람과의 새로운 생활'의 시작이었다. 훗날 송경령은 에드거 스노(Edgar Snow)에게 "그때의 감정은 연애라기보다는 구국운동을 돕고자 하는 마음이었으며, 손(孫) 박사만이 그것을 할 수 있는 유일한 사람이었다"라고 하며, 애정의 이상과 혁명의 이상이 결합한 것이었음을 말했다.

1916년 4월, 제3혁명이 진행되는 가운데 손문은 송경령과 함께 귀국, 원세개가 죽은 뒤 북양군벌 정권과 맞서 광동군정부를 세웠다. 송경령은 주위의 비난이나 호기심과 싸워 나가면서, 손문의 아내이자 동지로서 늘 그의 곁에 머물렀다. 1918년, 손문이 군정부 내부의 모순 때문에 광동을 떠나 상해에서 혁명 이론의 저작에 몰두하던 시기에는 자료 수집이나 원고 정리뿐만 아니라 강력한 조언자로서의 역할도 수행했다.

1919년 5·4 운동을 시작으로 거대한 삼파투쟁(三罷鬪爭: 학생·노동자·상인이 일으킨 동맹파업)의 물결이 상해까지 밀어 닥치자 손문은 새로운 시대의 도래를 깨달았다. 이때 손문은 광동군 정부에게 노동자, 학생의 체포를 비난하는 내용을 담은 전문(電文)을 보냈는데, 이 전문은 송경령이 쓴 것이었다.

10년의 미국 유학생활을 마치고 귀국한 송미령

1913년, 보호자 노릇을 하던 송경령이 대학을 졸업하고 귀국하자 조지아 주의 웨슬리언 여자대학에 혼자 남은 송미령은 오빠가 있던 매사추세츠 주의 웰슬리 대학(Wellesley College) 1학년으로 전학했다. 하버드 대학(Harvard University)에 다니는 오빠 송자문의 보살핌을 받기 위해서였다. 그녀는 웰슬리 대학에서 영문학을 전공했는데, 그 외에도 철학, 수사학, 음악, 천문학, 역사학, 교육학, 강연술 등을 배웠다. 특히 졸업 때는 가장 영예로운 듀런트(Durant) 학위를 받을 정도로 성적이 우수했다.

대학 졸업 후 1917년 여름, 송미령은 10년 가까운 미국 생활을 끝내고 귀국했다. 방년 20세의 그녀는 상해 YWCA의 지도자적 회원이 되었으며, 전국영화검열위원회에서도 활약했다. 국제기독교는 일찍부터 노동문제에 주목했고, 특히 러

시아 혁명 후 노동문제에 대한 관심은 더욱 높아졌는데, 5·4 운동을 겪은 중국에서도 아동·여성 노동문제의 관심이 높아졌다.

다음 해인 1923년에는 상해시 참사회의 의뢰로 아동노동위원회에 참가하여 조사 작업과 제언(提言)을 했다. 그녀가 쓴 「공업주의와 여성」이라는 논문에서는 금세기 초, 특히 제1차 세계대전 이후의 급속한 산업 발전에 따라 중국의 노동 조건이 더욱 악화되었다는 것을 지적하고 있다. 그녀는 유창한 중국어를 구사하기 위해 몇 년간 개인지도를 받았는데 아버지를 닮아서 연설에 재능이 있었다.

이같이 학습과 각종 사업에 참가하면서 그녀는 상해 사교계에서 떠오르는 해와 같은 존재가 되었다. 재색(才色)을 겸비하고, 상당한 재력과 모국어 수준의 영어 실력을 갖춘 그녀는 사교모임에서 인기가 높았고, 뭇 남성들의 청혼이 이어지기도 했으나 거절했다.

손문의 비서, 참모, 동지, 조언자였던 송경령

1920년 12월, 송경령은 다시 광동에서 군 정부를 조직하던 손문을 도우며 장병 위로와 적십자 활동을 위해 전선에도 다녔다.

1922년 군벌 진형명(陳炯明)의 반란 때, 송경령은 남편에게 방해가 되지 않기 위하여 억지로 손문을 먼저 내보내고, 손문은 손문대로 그녀를 위해 모든 경호원들을 남겨 놓은 채 혼자 탈출했던 고난의 사실이 있었는데, 이는 송경령의 용기를 보여 준 일로 잘 알려져 있다. 이때 그들의 유일한 자식이었던 아이가 유산되었다. 이같이 군벌 반란으로 인한 혁명의 실패는 손문으로 하여금 국공합작을 단행하게 하였고, 이후 코민테른(Comintern)과 중국공산당과의 중요한 회담에는 줄곧 송경령도 함께 참석했다.

1924년 1월, 국공합작 발족을 정식으로 성립시킨 중국국민당 제1회 대표대회에서는 특별히 손문의 지시를 받은 송경령이 왕정위의 부인인 진벽군(陳璧君), 요중개의 부인인 하향응과 함께 참가했다. 이 대회에서 손문의 삼민주의는 반제국주의·농공부조의 새로운 의의가 첨부되고, 여성해방의 면에서도 "법률적·교육적·경제적

송경령과 손문

인 남녀평등의 원칙을 확인하며, 여권의 발전을 돕는다"라는 명확한 주장이 보인다. 송경령과 손문의 이상은 '세대 차이'를 메울 수 있었으며, 혁명 투쟁 속에서 서로를 평가하고 재발견했다.

손문과 결혼생활을 한 10년은 송경령에게 정치를 익히고 혁명을 배우는 중요한 과정이었다. 또한 혁명가 손문의 비서이자 조수, 동지, 통역관, 참모, 조언자, 아내로서, 손문 말년의 중요한 시기에 그녀는 정치적 사고와 행동에서 모든 것을 그와 함께했으며, 정책이나 주의(主義)에 그녀의 영향 또한 적지 않았다.

1924년 11월, 손문은 북경에 있는 군벌 단기서(段祺瑞)와 중국의 통일과 평화에 대해 회담하기 위해 송경령과 함께 광동을 떠났다. 도중에 일본에 들른 그녀는 고베(神戶) 현립 고등여학교에서 가진 "현대부인의 자각"이라는 제목의 강연에서 중·일의 평화 유지를 위해 여성들은 자각하고 단결해야 한다고 말하여 많은 청중을 감동시켰다. 그러나 북경에 도착한 후 손문은 간암으로 1925년 3월 12일 서거했다. 송경령과 동지들에게, 중국의 자유·평등을 위한 국민혁명의 성취를 당부한 채······. 남편이자 지도자며, 스승이며 동지였던 손문을 잃고 홀로된 송경령의 당시 나이는 32세였다.

손문 사상의 계승자로 정치계에 우뚝 서다

통일전선 결성을 진행했던 손문을 잃고 난 뒤, 역사는 송경령에게 이 사명을 이어갈 역할을 부여했다. 같은 해 4월, 그녀가 북경에서 장례를 치르고 상해로 돌아오자 중국의 상황은 5·30 운동의 고양으로 국공 양당의 대립과 국민당 내의 분화가 두드러졌다. 그러나 송경령은 "제국주의 타도야말로 손 선생의 40년 목적의 하나다"라고 하면서 모든 당과 국민에게 단결을 호소했다. 이때 송경령은 손문 사상의 계승자로서 처음으로 확실하게 정치적 입장을 공적으로 표명했던 것이다.

국민혁명기에 송씨 집안사람들 중에서 송경령과 가장 가까운 입장을 취했던 사람은 동생 송자문으로 무한 정부의 말기까지 송경령을 줄곧 지지했다.

1926년 1월, 중국국민당 제2회 전국대표 대회는 중국의 여성해방운동에서 큰 의의를 갖는다. 제1회 대회에서는 손문의 지시에 의해 처음으로 3명의 여성 대표가 참석했지만, 이번에는 송경령이 의장단에 가담하고 전 대회의 몇 배나 되는 여성 대표가 참가했다. 이때의 '여성운동결의안'은 국공분열 후에도 계속 유효하여 국민당 치하에서 운동의 지주가 되었다. 대회에서 송경령은 중앙집행위원회 위원에 선출

되었다.

같은 해 11월, 북벌군의 무한 공략과 더불어 무한 정부 수립을 위해 송경령은 무한으로 향하고, 국민정부도 그곳으로 이사했다. 송경령은 중국 국민당 여성당무훈련반의 주임으로서 1927년 2월 12일의 개교식에서 다음과 같이 연설했다.

> "여성은 남녀평등을 요구하기에 앞서 동성(同性)에 대하여 평등해야 한다. 빈부귀천의 계급을 타파하고, 전국의, 아니 전 세계의 여성과 단결하여 혁명적인 일대 동맹을 만들어야만 한다."

송경령에게 이 말은 어디까지나 손문의 혁명 노선을 계승한 것이었다. 손문 사후, 송경령은 주저앉지 않고 손문의 삼민주의와 반제국주의 노선을 견지하면서 독립된 혁명 정치가로서 자립했던 것이다. 그러나 장개석의 4·12 반공 쿠데타 이후 무한 정부의 붕괴로 이어진 반혁명적 사태에 직면하자, 송경령은 손문과 장개석 사이의 이념적 단절을 통감하고 국민정부와 결별한 후 모스크바로 정치적 망명을 떠났다. 모든 송씨 집안의 사람들과도 정치적으로 결별한 채……

이후 그녀는 모스크바와 베를린에서 가난하고 힘든 망명 생활 중 장개석과 형제자매의 유혹을 뿌리친 채 혁명사상을 공부하며, 로맹 롤랑(Romain Rolland), 조지 버나드 쇼(George Bernard Shaw) 등 세계적인 반전·반파시즘 인사들과 교류하며 국제회의에 참가했다.

영웅이 아니면 결혼하지 않겠다던 송미령, 장개석과 결혼하다

송미령은 "너는 장개석과 결혼하는 것이 아니고 중국을 통치하는 황제와 결혼하는 거야"라는 언니 송애령의 설득과 퍼스트레이디가 되고 싶은 자신의 야망 때문에 여자관계가 복잡한 장개석과 결혼하기로 마음먹었다.

1927년 12월, 송미령은 장개석과 결혼했다. 이때 송미령의 나이는 30세, 장개석의 나이는 40세였다. 손문의 국공합작에 반대되는 반공 쿠데타에 성공한 후 장개석은 외국의 원조 없이는 살아남을 수 없었으며, 송미령의 가족이 미국과 영국의 관심을 가장 잘 끌어들이고 있을 때 그녀와의 결혼을 통해 외국의 관심을 모으려고 했다. 처음에는 그녀의 어머니인 예계진이 결혼에 반대했으나, 기독교로 개종하겠다는 장개석의 말과 송애령의 적극적인 설득에 끝내 결혼을 승낙하고 만족해했다. 특히 송애령은 적극적으로 매파 노릇을 했으며, 결국 손문에 이어 장개석까지 송애령의 제부가 되었다.

장개석과 결혼한 송미령

1927년 12월 1일, 채원배 (蔡元培)의 주례로 세계적인 관심 속에 남경에서 성대한 결혼식이 거행되었으며, 송미령은 드디어 언니 송경령에 이어 중국의 두 번째 퍼스트레이디가 되었다. 이때 송경령은 망명한 모스크바에서 추위와 고통에 떨고 있었다. 송경령은 "그들의 결합은 정치의 일부분이지 사랑이 아니다"라고 내뱉었다. 송미령이 장개석 총통의 세 번째 부인이 되기로 결정한 것은 사랑만이 아니었다. 그것은 권력을 향한 지향이었다.

결혼 후 송미령은 북벌을 단행한 장개석을 따라 남경에서 외교적 역할을 수행하며, 장개석의 결함을 잘 보좌하여 정치적으로 상당한 작용을 했다. 그녀는 1933년에 장개석을 따라 공산당 토벌작전에 참가했고, 1934년에는 신생활운동을 전개했다.

1936년 12월, 장개석은 일치항일(一致抗日)을 원하는 장학량·양호성 등의 군대에 의해 서안에서 납치되었다. 송미령은 국민당 내부의 '장학량 일파 처벌, 서안 진공(西安進攻)'의 주장을 진정시킨 뒤 송자문 등과 함께 평화적 해결을 찾아서 서안으로 달려갔다. 그녀는 남편이 감금되는 사태에 즉각 서안으로 뛰어들어 장학량과 주은래와 담판 끝에 남편을 구해 냈다. 이 서안 사건으로 그녀는 담력과 외교력을 인정받아 일약 유명해졌으며, 1937년 미국의 주간지 「타임(TIME)」은 송미령을 '세계에서 가장 잘 알려진 여성'으로 선정했다.

송경령의 모스크바 망명생활

모스크바에서 송미령과 장개석이 결혼한 사실을 알게 된 송경령은 까무러칠 정도로 타격을 받았다. 송경령은 처음부터 이 결혼은 정략적이라면서 반대했었다. 게다가 배반자, 백색테러의 장본인인 장개석과 동생이 결혼하다니……. 당시 송경령은 자신과 함께 망명한 진우인(陳友仁)과 재혼했다는 헛소문이 나돌았으므로 매우 괴로워했다. 또한 당시의 중국 혁명을 둘러싸고 격화된 스탈린(Stalin)파와 트로츠키(Trotsky)파의 대립에서 소련 혁명의 이면을 엿보게 되어 고뇌에 차 있었다. 그러나 이때부터 가장 송경령다운 활동, 즉 국제적 반제국주의·반전·반파시즘의 활동이 시작되었다.

송경령은 1927년 브뤼셀에서 열린 국제반제동맹 대회에서 명예의장으로 선출되었으며, 1929년에는 베를린의 반파

모스크바로 망명한 송경령

시즘 국제대회에 출석하고, 그 후에도 유럽의 반제·평화운
동에 참가했다. 이미 1927년경부터 유럽 반파시즘 운동은
앙리 바르뷔스(Henri Barbusse), 로맹 롤랑 등에 의해서 추진되
었으며, 그 후 송경령은 이 국제운동의 경험을 가지고 귀국
함으로써 중국혁명에 새로운 바람을 일으키게 된다.

1929년에 손문의 이장식(移葬式: 서산에서 남경으로)에 참례
하기 위해 잠깐 귀국한 바 있었던 송경령은 1931년 어머니
예계진의 죽음을 눈앞에 두고 다시 고국으로 돌아왔다. 그러
나 그녀가 귀국했을 때는 이미 세계 대공황 탈출의 길을 모
색하려는 일본이 만주를 침략했고, 안으로는 국공대립의 격
화로 인한 민중의 자발적인 항일운동은 있었지만 민족적 저

항은 찾아볼 수 없었다. 그리고 등연달(鄧演達)을 비롯한 정치범과 민중에 대한 불법적인 체포와 고문, 살육이 계속되고 있었다.

송경령의 반장(反蔣) 항일운동

1931년, 귀국 후 송경령은 만주사변 이래 중국을 침략한 일본에 대한 국내 저항운동과 국제적 반제국주의·반전·반파시즘 활동을 연계하여 반장(反蔣) 민권운동과 항일민족통일전선 형성에 주력했다.

이러한 가운데 송경령은 1932년 말, '중국민권보장동맹'을 창립했다. 채원배, 호적(胡適) 등도 가담하여 정치적 입장을 넘어 한 시민으로서 민권 옹호 및 자유와 민주를 위해 싸우는 조직이었는데, 송경령은 누구도 함부로 그녀를 제거할 수 없는 '국부' 손문의 부인이라는 지위를 이용하여, 민권보장운동의 거점이 되었다. 이 운동은 정치범에게 한 줄기 광명이었으며, 이듬해 파리에서 성립된 반파시즘 세계위원회는 송경령을 부주석에 임명했다.

일본이 열하·화북으로 침략의 발걸음을 내딛는 데 대항하여, 하향응 등과 함께 '중화인민의 대일작전기본강령'을 발표하여 '내전정지·일치항일'을 호소하는 등 그녀는 꾸준

하고 강하게 항일통일전선의 형성을 추진했다.

1935년에는 '화북분리 반대' '동북탈환' '내전정지·일치 항일'을 부르짖는 북경 학생의 12·9 운동에서 여성구국연합회 결성을 위시한 구국회 활동이 활발했다. 그런데 구국회 지도자 7인이 체포되자 송경령은 "구국이 죄라면 나도 감옥에 가겠다"라는 '구국입옥(入獄)운동'의 선두에 섰었다. 이 당시의 송경령은 중국공산당과 해방구를 국제적인 반파시즘 세력, 국민당 치하의 항일민주 세력을 연결시키는 데도 큰 역할을 해 냈다. 반파시즘 세계위원회의 로맹 롤랑은 당시의 송경령에 대하여 이렇게 말했다.

"탁월한 부주석 송경령은 단지 향기롭고 아름다운 꽃일 따름인가? 결코 아니다! 그녀는 주위를 둘러싼 철조망을 물어뜯어 버리려는 용맹스러운 사자다."

송애령의 무솔리니 회견

상해사변에서 활약한 뒤 야망에 찬 송애령은 미국과 유럽을 여행했다. 그녀는 영국에서 무솔리니와 회견을 할 당시 전례를 깨고 무솔리니 쪽에서 악수를 청하며 걸어 나오게 했던 여성으로, 그 의연한 태도는 저널리스트 사이에서 화제가 되었다. 이러한 즈음에 '강서(江西) 소비에트'에서 군사적

일본 항복 소식을 읽는 송미령

으로 승리하려 했던 장개석은 정신적 통일을 꾀하기 위해 먼저 '신생활운동'을 발족시켜 전국으로 확산시켰다. 그런데 이때 송미령은 여성들을 동원하여 '예·의·염·치(禮·義·廉·恥)'의 유교 도덕의 복권과 '청결'이라는 두 개의 기둥을 골자로 하는 이 운동을 추진했다.

그러나 이러한 언니와 여동생의 활동에 대한 송경령의 비판은 준엄했다. 송경령은 송애령이 파시즘의 수령인 무솔리니의 초대를 받아들인 사실에 몹시 분개했다. 또한 신생활운동에 대해서는 "유교와 현대중국"(1937)이라는 글을 써서 아무것도 받아들일 것이 없는 운동이라고 비판하고 인민의 생

활을 개선하기 위해서는 보다 위대한 운동을 해야 한다고
주장했다.

제2차 국공합작과 세 자매의 협동

1932년 1월 28일, 반일운동의 격화를 빙자한 일본의 상해
공격으로 항일운동의 기운은 한층 강해졌다. 민족의 위기는
정치적으로 다른 입장에 있는 사람들을 협력하게 하였으며,
송애령과 송미령, 송경령도 부상병을 위한 병원 건설에 힘을
합쳤다.

항일민족통일전선 형성은 1936년의 서안 사건을 계기로
크게 진전했으며, 1937년 일본의 대중국 전면전 도발 이후
성립된 제2차 항일민족통일전선은 세 자매를 결속시켰다.

전쟁이 시작되자 송경령은 홍콩으로 가서 보위중국동맹
을 창립했고, 외국인이나 화교에게 항일의 정황, 특히 중국
공산당이 지도하는 항일군과 항일 근거지의 상황을 전하며,
모금을 통해 의약품과 기타 물자를 보내곤 했다. 뒤에 그녀
가 정열을 쏟았던 아동복리사업과의 관계도 이 시기에 시작
되었다. 또한 항일전쟁 말기 국공대립이 심해지는 가운데 중
국공산당이 지도하는 운동의 지원을 강력하게 호소하여 국
제적 여론에 영향을 미쳤다.

항일운동에 힘을 합친 세 자매(왼쪽부터 송미령, 송애령, 송경령)

1938년 5월, 송미령은 여산에서 여성운동의 지도자들을 모아서 회의를 열었다. 여기에서 각계각층의 여성을 동원하는 동시에 노동여성의 문화생활 수준을 끌어올리고 특히 여성을 속박하는 풍속습관을 배제하는 항일전쟁 시기의 여성운동 방침을 결정했다.

레위 알리(Rewi Alley), 님 웨일즈(Nym Wales), 에드거 스노 등이 발기했던 공업합작사운동에는 세 자매의 협력이 빠질 수 없었다. 특히 세 자매가 협력했던 일 중 빼놓을 수 없는 것은 국제적인 항일 원조를 호소하여 반파시즘 국가들의 정부와 국민에게 매우 큰 영향을 끼친 것이었다. 세 자매는 비록 사상은 달랐지만 개인적인 자매의 정은 컸으며, 국공합작 기간 중의 협심 협동은 대단했다. 이 기간 동안 공상희와 그

의 부인 송애령은 그들이 창설했던 중국아동복지회 사업을
계속했는데, 이 단체는 중국에서 가장 오래된 아동복지 단체
였다. 상해에서 송애령은 구급차와 트럭을 가져왔고, 그녀의
개인 자금으로 병원용품을 공급했으며, 전쟁채권 판매를 관
리했다. 그녀는 심지어 대중 연설도 시작했고, 중국 구조를
요청하는 대미 방송에도 참여했다.

합작 기간 중 일본에 저항하는 것을 제외하고, 세 자매가
유일하게 의견을 합한 부분은 아동복지와 고아원에 관한 것
이었으며, 그들은 총력을 다했다. 뿐만 아니라 세 자매는 대
미국 방송을 통해 파시즘의 침략하에 있는 중국을 돕는 것
이 바로 세계를 구제하는 것이라는 큰 뜻으로 미국의 대중
국 원조를 요청하는 영어 방송도 했다.

중국 민권운동의 선구자이며 변호사인 사량(史良)은 당시
의 여성운동을 회고하면서 "송미령은 정치적 입장은 달랐어
도 연설을 잘하고 실천력이 있었기 때문에 항일운동에서 한
그녀의 역할은 컸었다"라고 말했다. 역시 사량이 제공하는
재미난 에피소드가 있다. 시기는 확실하지 않지만 각 성의
주석 부인을 대상으로 했던 훈련반의 모임에서 세 자매 사
이에 있었던 일이다.

송미령이 모임에 모인 주석 부인들에게 "여러분들은 외

국의 친구들을 접대하는 데 필요한 것, 예를 들면 나이프와 포크를 들고 식사할 수 있어야 합니다"라고 말하자, 송경령은 "오늘날 중국 여성과 중국 인민의 문제는 나이프와 포크를 들고 식사할 수 있는가 없는가가 아니라, 먹을 것이 있는가 하는 문제입니다"라며 반박했다. 송경령의 말에 송미령이 난처해 하자 송애령은 "오늘날 우리 여성계의 문제는 무엇보다도 단결입니다!"라고 말해 어색한 분위기를 수습하려 했다.

물론 세 자매 사이의 모순은 이 시기에도 전부 해소될 수는 없었던 것이다.

세 자매, 각자의 길을 가다

항일전쟁 후 송가수의 세 딸들은 다시금 각각의 길을 찾아갔다.

1949년 10월 1일, 천안문 위에서 혁명의 승리를 선언하는 모택동 옆에는 송경령의 모습이 보였다. 공식적인 그녀의 직함은 중앙인민정부 부주석, 중국부녀연합회 명예주석, 중소우호협회 회장, 인민구제총회 주석 그리고 중국명예주석이었다. 그 후 송경령은 국제평화를 위한 활동과 다음 세대를 이어나갈 어린이들의 복지·문화 방면에 힘을 기울여 평화상을 수상했으며, 전국여성연합회 명예주석으로서 여성운동에 있어서도 중요한 역할을 했다. 송경령은 1981년 88세의 나이로 북경에서 사망했으며 상해 만국공묘의 부모님 옆에 누웠다.

한편, 송미령은 1940년대 항일전쟁의 막바지에 미국 의회를 상대로 정열적인 로비활동을 펼쳐 미국의 원조를 끌어냈으며, '차이나로비'의 주역으로 대접받았다. 1943에는 당시 루스벨트 대통령의 초청으로 외국 여성으로서는 최초로 미국 상하양원 합동회의에서 미국 원조를 요청하는 연설을 하여 기립박수를 받았다. 그녀의 연설은 루스벨트 대통령이 "선교사가 중국에 예수를 전했듯이 송미령은 미국에 중국을 알렸다"라고 극찬할 정도였다. 송미령은 탁월한 언변과 정열적인 외교 활동으로 수많은 신화를 남겼다. 그러나 송미령은 1949년 이후 남편을 따라 눈물을 삼키며 대만으로 피난했으며, 차이나로비의 주역으로서 중공의 위협 속에서도 대만 국민당 정부가 생존하는 데 큰 기여를 했다.

1975년 장개석 사망 이후 그녀는 미국으로 건너갔으며, 1995년 미국 상하양원 합동회의에서 98세의 나이로 승전 50주년 기념 연설을 하여 다시 한 번 기립박수를 받았다. 국제적으로 고립감을 느끼는 대만인들에게 송미령은 '영원한

퍼스트레이디'로 남았다. 2003년, 그녀는 106세를 일기로 세상을 떠나 뉴욕 주 펀클리프 묘지(Ferncliff Cemetery)에 묻혔다. 그녀는 19세기에서 20세기를 거쳐 21세기까지 무려 3세기에 걸쳐 활약했던 대단한 여성이었다.

송애령은 중국국민당이 패하자 남편 공상희와 네 자녀들과 함께 솔가(率家)하여 미국 동부 휴양지 롱아일랜드로 건너가 85세를 일기로 1973년 사망할 때까지 평안한 여생을 보냈다. 정치에는 관심이 없던, 현실주의자였던 송애령은 중국 실업계의 거물 공상희와 결혼 후 손문과 장개석을 차례로 제부로 맞아 기막힌 환경 속에서 그야말로 중국 재계를 한껏 주물렀던 여성이었다.

1981년, 송경령이 사망하기 전 중국 정부는 동생 송미령에게 전보를 쳤으나 그녀는 끝내 오지 않았다. 그리하여 1949년 대륙이 공산화된 이후 헤어진 송경령, 송애령, 송미령 자매는 '세기의 이산 자매'가 되어 죽을 때까지 서로 만나지 못했다.

송 씨 집안의 세 자매는 같은 부모, 같은 성장 환경과 교육적 배경을 가졌으면서도 각자 매우 다른 사상 노선과 삶의 행태를 가졌다. 언니 송애령은 뛰어난 재능으로 중국의 경제를 좌우한 거만(巨萬)의 부를 지녔으며, 동생 송미령은 장개석과 결혼함으로써 중국의 거대한 권력을 탐하고 쥐었으며,

송경령은 끝까지 민중의 편에 서서 손문의 삼민주의 원칙과 정책을 지키고 발전시키고자 외롭고 험난한 길을 걸었다.

세 자매의 이같이 각기 다른 인생행로의 이유는 무엇일까? 첫째는 주관적 요소로, 날 때부터 가진 자아의 성향이 인물의 발전과 사회적 역할에 큰 영향을 미치고 있음을 보여준다. 타고난 천성이 치열한 애국심과 정의감, 용기와 박애적 성품이었던 송경령, 정치에는 관심이 없으나 돈에 대한 야망이 대단했던 언니 송애령, 권력 지향적이고 외교적이며 오만했던 막내 송미령의 모습은 각자 자아의 특성이었다.

둘째는 객관적 조건으로, 그녀들에게 결정적 영향을 끼친 주변의 인물들과의 인간관계와 그 영향이라 할 수 있다.

셋째는 그녀들이 마주했던 정치·사회적 상황, 즉 역사적 조건이며 또 그것을 어떻게 받아들였는가 하는 것을 들 수 있을 것이다.

노신의 그늘을 벗어난 여권론자, 허광평

신여성 허광평

중국 근현대사에서 노신(魯迅, 1881~1936)만큼 유명한 문인은 드물 것이다. 그러나 그의 두 번째 부인으로, 노신이 말년에 10년 동안 맹렬한 문필 활동을 할 수 있도록 한 숨은 내조자 허광평(許廣平, 1898~1968)이라는 여성에 대해서는 잘알지 못한다. 2000년대가 되기 전까지만 해도 그녀는 역사학자들의 연구 대상에서 벗어나 있었다. 그러면 그녀는 어떤삶을 산, 어떤 여성이었을까?

무술변법이 진행된 1898년, 허광평은 광동성 번우현(番禺

縣)에서 할아버지가 절강순무(浙江巡撫)로 지낸 유복하고 다소 개명된 집안에서 태어났다. 변법운동은 실패했지만 사회적 분위기는 개명의 길로 나아가고 있었다. 그래서 허광평은 아버지의 도움으로 하루 만에 어머니가 묶어 준 전족을 풀 수 있었던, 보통과는 다른 가정환경에서 성장했다.

아버지와 오빠가 읽고 설명해 주는 신문기사를 통해 허광평은 어린 나이에도 여성도 인간인 이상 국가를 위해 무언가 책임의식을 느껴야 한다고 생각했다. 그녀는 어머니의 지지를 얻어 남자 형제들과 함께 가숙(家塾)에서 교육을 받았다. 그러나 오빠와는 달리 자신을 여자라고 적당히 가르치려고 하자 남녀차별에 대해 매우 민감한 반응을 보이기 시작했다. 게다가 자신에게 아버지가 미리 정해 놓은 정혼자가 있다는 사실을 알고 강하게 반발했다. 아버지가 돌아가신 후 다행히 도시에서 교육받은 오빠에 의해 그 결혼은 이루어지지 않았다.

파혼한 허광평은 고모가 사는 먼 북방의 대도시 천진으로 유학을 가서 여자사범학교에 입학했다. 고향에서는 혼사가 막힐 것을 우려한 오빠의 배려였다. 이같이 허광평은 어려서부터 여성도 인간이라는 자의식이 강했으므로 전족 폐지와 파혼, 대도시 유학이라는 특이한 선택이 가능했던 신여성이었다.

5·4 운동 시기의 허광평

천진에서 학업을 시작하던 허광평은 곧이어 휩몰아친 1919년의 5·4 운동이라는 거친 파도에 휩쓸리자 천진의 여성계를 조직하고 「여사주간(女師周刊)」 「성세주간(醒世周刊)」 등 여성 잡지 편집을 맡으며 애국운동에 적극 동참했다.

5·4 운동은 여학생들에게 '남녀유별'이라는 사회 통념을 깨고 구식 예교에서 벗어나는 환희를 안겨 주었다.

5·4 운동의 열기가 수그러들어 퇴조기에 접어든 1922년, 그녀는 천진여자사범학교를 졸업했다. 그리고 여교사 자리를 얻는 대신 향학열에 불타 여자사범학교의 상급 학교인 북경여자고등사범학교(훗날 북경여자사범대학으로 개명)로 진학했다. 이 학교에 다니면서 학생회장이 된 그녀는 학생들에게 현모양처 교육을 강조한 여성 교장을 배척하는 학생운동을 주도했다. 그리고 그때 강사로 출강하던 노신과 가까워졌다. 구식 예교질서에 대한 강한 반감이라는 유대감에서 출발한 두 사람은 스승과 제자의 관계에서 연인관계로 발전했다. 우여곡절을 겪으며 교장 배척운동에 성공한 허광평은 학교를 졸업한 1926년, 28세의 나이로 고향 광주로 내려가 광동성 립여자사범학교에서 교편생활을 시작했다.

한편 노신은 홀어머니가 정해 준, 전족에다 문맹인 처와

형식상의 결혼관계를 끝내고, 얼마 뒤 허광평과 합류하기로
약속했다. 그러고는 홀어머니와 처가 있는 북경을 떠나 하문
(厦門)을 거쳐 허광평이 있는 광주로 내려왔다. 그 당시 허광
평은 박봉과 과중한 잡무 그리고 완고한 학생들에게 시달렸
으며, 또한 학교와의 갈등으로 교사생활에 환멸을 느껴 교직
을 그만 두고 말았다. 결국 그녀는 광주의 대학에서 교편을
잡은 노신의 유급 조교로 일하게 되었다. 그러나 1927년에
제1차 국공합작이 결렬되면서, 두 사람은 정치·사회적으로
매우 흉흉해진 광주를 벗어나 상해에서 동거생활을 시작했
고, 허광평은 전업주부의 삶을 시작했다.

노신의 그늘 속 신여성의 비애

17세 연상에다 논적(論敵)이 많았던 유부남 노신과의 동
거생활은 상당한 용기가 필요했다. 그녀는 결국 친정 식구들
과 관계가 뜸해졌고 남들에게서 첩이라는 손가락질도 받았
다. 게다가 노신은 국민당 정부의 요주의 인물로 감시받고
있었으므로 늘 신경을 곤두세우고 살아야 했으며, 몰래 주소
지도 옮겨야 하는 등 삶 자체가 고단한 일상이었다.

그렇지만 그녀는 새벽까지 글을 쓰는 일 외에는 일상생활
에 무관심한 노신의 아내이자 비서로, 둘 사이에 태어난 아

허광평(가운데)과 노신(오른쪽 아래)

이의 어머니로서, 노신이 1936년 55세의 나이로 사망하기까지 10년이라는 세월을 위대한 거목의 그림자처럼 묵묵히 돕고 일하면서 보냈다. 노신이 말년의 10년 동안 유달리 작업을 많이 할 수 있었던 데는 아마도 허광평이라는 유능한 비서 겸 아내를 두고 정서적으로 안정되었던 점이 상당히 작용했을 것이다. 노신은 허광평을 일러 "10년 동안 손잡고 어려움을 함께한 사이[十年攜手共艱危]"라고 고마움을 표현하기도 했다.

허광평은 전업주부로 만족할 만한 성정은 아니었다. 노신과 동거를 하면서도 직장생활을 원했다. 그러나 자신을 도와서 글을 더 쓸 수 있게 하는 것이 더 중요하다는 노신의 반대

허광평과 그녀의 아들 주해영

에 부딪혀 결국 무위로 끝
났다. 남편이자 스승인 노신
에 대한 애정 때문에 그의
반대를 차마 꺾지 못했을
것이다. 그리고 노신의 작업
을 거들어 줌으로써 간접적
이나마 사회에 기여한다는
자기 위안도 있었을 것이다.

자신의 삶에서 그토록 용감했던 신여성인 허광평도 노신
과 이룬 가정에서는 그의 가부장적 권위를 인정할 수밖에
없었다. 노신에 대한 애정이 한결같았던 만큼 결혼생활은 평
탄한 편이었지만, 불만을 속으로 삭이고 자기 위안을 하면
서 보낸 10년 세월 속에서 그녀의 마음에 새겨 둔 상흔은 컸
었다. 이는 노신 사후 터져 나온 그녀의 여권(女權)과 관계된
글들에 고스란히 드러난다.

노신의 그늘을 벗어난 여권운동의 투사

노신이 죽은 뒤 허광평은 노신 생전의 작품들을 묶어서
전집을 출간하는 등 노신의 지적 유산을 보존·계승하는 작
업을 하며 일약 주요 인물로 떠올랐다. 동시에 그동안 뜸했

던 집필활동을 시작했다.

허광평의 글들이 처음으로 빛을 보게 된 것은 노신과의 서간문을 묶어서 출간한 『양지서(兩地書)』였다. 이후 그녀는 그동안 독자적인 직업을 갖거나 사회활동을 하지 못한 데서 오는 좌절감을 씻어 내기라도 하려는 듯이 여성운동의 투사로 거듭났으며, 공산당이 상해 지하에서 펴내던 여성 잡지 「상해부녀」 등을 편집하고 여러 여성 단체 책임자로 일하면서 여성의 권리를 주장하는 글들을 썼다. 여성이 가정에서 일하는 것은 남편의 죄수나 마찬가지이므로 여성이 직업을 가지는 것이야말로 여성해방의 길이라고 그녀는 목소리를 높였다.

노신 사후부터 신중국이 들어서는 1949년까지의 10여 년간은 허광평이 독자적으로 여권에 대해 발언한 중요한 시기라고 할 수 있다. 이 시기 그녀가 여성문제에 관해 쓴 글은 대부분 여성, 특히 가정주부의 직업이나 사회참여에 관한 것이었다. 여성해방과 항일운동을 병행하던 허광평은 결국 국가의 존망이 달린 상황에서는 종국적으로 구국이 1차적인 과제라고 깨달았다. 전후 부흥의 단계에서는 여성의 노동력이 더욱 필요하므로 여성을 가정에서 해방시켜 사회의 일꾼으로 만들어야 한다는 주장을 폈다.

그리고 그녀는 내전 기간 중 공산당이 소집한 인민정치협상회의에 민주촉진회 대표로 참가하여 일약 중앙정부의 고위급 인사가 되었으며, 중앙정부의 활동과 병행하여 여성계에서도 최고위급 인사로 활동했다. 또한 중국부녀 제1차 전국대표대회에 참석했고, 건국 이후에는 민족촉진회 제1차 비서장에 선임되는 등 민주당파의 지도자로 활동했다. 이렇게 건국 이후 중임을 맡은 허광평은 새로운 중국 건설에 매진하는 혁명적 인민을 예찬하고 신중국이 여성들에게 가져다준 기회를 찬양하는 글을 많이 남겼다

1950년대까지의 맹활약이 있은 뒤, 1960년대 말 문화대혁명 당시 그녀는 노신의 원고를 홍위병들에게 압수당하는 뼈아픈 수모를 당했고, 결국 기막힌 소용돌이 속에서 심장병으로 갑자기 사망하고 말았다. 1968년, 향년 70세였다.

허광평이 노신 사후 그의 성망 덕분에 상해의 여성계와 지식인 사회에서 지도적 위치에 오를 수 있었던 것은 확실하다. 그렇지만 그녀는 노신 사업을 계승하면서 생의 후반 30여 년간 자신의 독자적인 업적과 지위를 일궈 나감으로써 노신의 그늘에서 벗어나 여권론자로서의 치열한 삶을 영위했음을 우리는 높이 평가해야 할 것이다.

청렴을 유산으로 남긴 여권운동가, 등영초

인생의 스승 어머니와 어린 시절

중국의 영원한 총리로 불리는 주은래와 함께 총리 부부로
존경받았던 등영초(鄧穎超, 1904~1992)는 신중국에서 정치협
상회의에 유일한 여성 대표로 참여할 정도로 지도적 혁명가
였다. 그러나 그녀는 가난 속에서 열정과 성실로 꿈을 가지
고 앞길을 개척해 나간 대표적 여성이었다.

등영초는 1904년 광서성 남령(南寧)에서 청조의 군관인
아버지 등정충(鄧庭忠)과 의학을 익힌 지식인 어머니 양진덕
(陽振德) 사이에서 외동딸로 태어났다. 그녀가 6세도 안 된

나이에 아버지를 여의자 그녀의 어머니는 가정교사와 의료 봉사 등의 일로 생계를 겨우 꾸렸고, 더 나은 일을 찾기 위해 그녀를 데리고 천진으로 이사했다. 그래도 사정은 여전히 어려워서 등영초는 9세가 되어서야 겨우 학교에 입학했는데, 그것도 어머니가 북경의 평민소학교에 근무하게 되면서부터였다. 이 학교는 남녀공학에 학비도 무료인 진보적 교육기관이었으며, 등영초 어머니도 월급 없이 숙식을 제공받는 정도였다. 또한 교사는 대부분이 중국사회당원이거나 중국동맹회 회원이었다.

그 후 신해혁명의 좌절로 학교의 교장 진익룡(陳翼龍)이 원세개 정부에 의해 살해되고 대부분의 교사들도 체포되자 학교는 불과 반년 만에 폐쇄되었다. 결국 두 모녀도 쫓겨나고 말았다. 그러나 진익룡의 죽음은 등영초에게 혁명가의 이상과 장렬한 희생을 절감케 하는 사건이었다.

하는 수 없이 다시 천진으로 돌아간 등영초는 직예제일여자사범학교 부속소학교에 들어갔고, 예과를 거쳐 1916년 천진직예제일여자사범학교 본과에 진급했다. 노력형이었던 그녀는 뒤처진 학문을 만회하기 위해 지나치게 공부에 열중한 나머지 결핵에 걸리고 말았다. 어머니의 정성 어린 간호로 회복은 되었으나 그 후 여러 번 결핵으로 어려움을 당하게 된다.

1919년 5·4 운동 당시 여자사범에 재학 중이던 15세의 등영초는 위청양, 곽융진(郭隆眞) 등과 함께 이 운동에 적극적으로 투신하여 천진여계애국동지회 결성에 참가했다. 그리고 공사 집회를 막론하고 순회하면서 애국정신과 여성해방을 호소하는 정열적이고 설득력 있는 강연을 함으로써 많은 이들에게 감동을 주었다. 5·4 운동이 청년들에게 하나의 혁명 출발점이었듯이 등영초에게 있어서도 기나긴 혁명생애의 시발점이 되었으며, 주은래(周恩來, 1898~1976)와 만나게 되는 중요한 계기가 되기도 했다.

조국의 운명과 만나다

천진남개(南開)중학교를 졸업한 후 일본 유학 중이던 주은래는 5·4 운동 소식을 듣고 급히 귀국하여 학생연합회의 중심적인 역할을 하면서 1919년 등영초를 포함한 천진의 진보적 학생 20여 명과 함께 '각오사(覺悟社)'를 조직했다. 그들은 아나키즘(anarchism)을 위시한 사회주의 등 당시의 신사조(新思潮)를 연구하고 토론했으며, 여성문제, 결혼문제도 논의의 주제로 삼았다.

그러나 천진 당국의 탄압으로 각오사는 부득이 지하활동을 하게 되었고, 1920년 주은래, 곽융진 등이 체포당하자 활

등영초와 주은래

동이 사실상 정체되었다. 등영초는 24명의 학생과 함께 주은래 등의 석방을 요구하며 그들 대신 감옥에 들어가겠다고 제의하는가 하면, 5·4 국치기념회 참가에 반대하는 학교 당국에 항의하여 일주일간 전원 동맹휴학의 투쟁을 전개하기도 했다.

그 후 각오사는 소년중국학회 등 4개 단체와 함께 '개조연합전선'을 내걸고 '브나로드(V narod: 민중 속으로)' 운동을 결정했다. 그리고 주은래는 일하면서 배우기 위한 고학을 결심하고 근공검학(勤工儉學)파로 프랑스 유학길에 올랐다.

등영초는 북경의 사립학교 교단에 선 최초의 여교사가 되었으나, 두 가지 고녀가 있었다. 공부를 더 하기 위해 유학을 떠날 것인가 아니면 직업을 잃은 어머니를 위해 생활을 꾸리며 구습대로 결혼을 할 것인가의 문제였다. 일단은 유학을 포기하고, 교사보다 보수가 나은 은행에 취직하기 위해 낮에는 교직에 있으면서 밤에는 부기학교에 다니기 시작했다. 그러나 그녀는 다시 결핵이 도져 그 꿈도 무산되고 말았다. 반년 정도 북경 생활을 한 뒤, 그녀는 1921년에 천진각계연합

회(天津各界聯合會) 지도자가 학교장으로 있는 달인(達仁)여
학교 교원으로 초청되어 다시 천진으로 돌아왔다.

1920년대 천진 시절 등영초는 특히 여성운동에 힘을 기
울이며 자기변혁을 시도했다. 그녀는 여권운동동맹회 지부
를 성립시키고 애국운동을 되살려 여성 잡지 「여성(女星)」도
출판했다. 또한 그녀는 한때 두절되었던 각오사의 동지들과
도 다시 연락을 취해 그들의 사상형성에 상당한 역할을 했
다. 특히 유학 중인 주은래 등으로부터 전해지는 유럽의 정
황과 마르크스주의에 대한 확신은 그녀와 동지들의 사상 형
성에 큰 영향을 미쳤다고 할 수 있다. 그녀는 개인적으로도
주은래와 100여 장 이상의 엽서를 주고받으면서 서로의 관
심과 애정이 더욱 깊어지고 있었다.

주은래와의 결혼 그리고 혁명운동

1924년, 국공합작이 이루어지자 등영초는 조직의 결정에
따라 국민당에 가입했고, 국민당 당부 여성부장이 되었다.
주은래도 9월에 귀국하여 광동에 있는 황포군관학교의 정
치부 주임이 되었는데, 등영초도 양광(兩廣)지구 여성운동을
담당하게 되어 광동으로 향했다. 드디어 두 사람은 5년 만에
다시 만나게 되었고, 그해 가을 두 사람은 결혼했다. 당시 등

영초는 21세, 주은래는 25세였다. 그들은 격식을 갖춘 혼례를 올리지는 못했지만 채창 등 가까운 몇몇 친구들과 조촐하게 식사를 함께했으며, 상호 간에 지킬 8호(八互: 서로 사랑하기, 존경하기, 돕기, 격려하기, 의논하기, 용서하기, 신뢰하기, 이해하기의 8가지 상호주의)를 약속했다. 이들 두 사람의 결혼이야말로 혁명과 사랑을 함께한 진정한 동지적 결합이었다.

혁명의 발원지 광동에서 등영초는 하향응 등과 여성운동을 지도하여 국민당 제2차 전국대회에서 국민당 중앙위원 후보로 선출되었다. 얼마 후 곧 등영초는 임신했지만 바쁜 시기에 아이가 생기면 정신이 흐트러져 혁명운동에 차질이 생길 것이란 생각에 남편에게 알리지도 않고 유산시키는 탕약을 먹고 낙태를 하고 말았다. 주은래는 매우 화를 내며 애통해 했다.

그러나 1927년 4·12 반공쿠데타로 국공합작이 완전히 결렬되면서 공산당은 큰 타격을 받게 되었는데, 당시 등영초는 몸이 회복되어 두 번째 임신을 하게 되었다. 하필이면 백색테러(우익 세력 장개석의 테러)의 공포 속에 숨어서 첫 아이를 낳게 되었는데 사산하고 말았다. 결국 그녀는 두 번 다시 애를 낳지 못했다. 이러한 어려움 속에서 겨우 목숨만 부지한 등영초는 모친과 탈출했으며, 주은래도 일촉즉발의 위기에서 탈출에 성공하여 죽음을 면할 수 있었다. 그 후 이들 부부는 갖은 고난 끝에 1932년 강서 소비에트 근거지에 도착했다.

그러나 곧이어 공산당은 1934년 혁명 근거지를 포기하고 연안까지 2만 5,000리(1만 2,000킬로미터) 대장정을 시작하게 되었다. 이때 그녀는 오랫동안 무리한 탓으로 또 다시 결핵이 재발하여 심한 각혈을 하는 등 건강이 악화되고 말았다. 그녀는 모두에게 부담이 될 터이니 자기를 두고 가라고 부탁했지만, 중국공산당은 그녀를 대열에 참가시키기로 결정했다. 결국 30여 명의 여성 간부가 속한 제1방면군의 한 사람으로 장정 대열에 참가하여 서금을 출발했다.

국민당군의 포위망을 뚫으며, 추격해 오는 적의 위협으로부터 벗어나 대도하, 대설산, 대초원에서 병약한 몸으로 행군을 계속하자 그녀의 병세는 더욱 악화되어 결국 쓰러지고 말았다. 그러나 그녀는 고열에 시달리면서도 끈질긴 생명력으로 죽지 않고 살아 장정을 마친 뒤, 1937년 결핵요양을 위해 북경 교외의 서산(西山)으로 갔다. 곧이어 노구교 사건이 터지자 서산도 위험했는데, 다행히 그 당시『중국의 붉은 별(Red Star over China)』이란 책을 마무리하고 있던 에드거 스노와 만나 등영초는 그의 하녀로 위장하여 무사히 서안까지 갈 수 있었다.

통일전선의 최전선에서 - 신중국 여성 지도자의 모범

제2차 국공합작이 결성되어 국민당의 송미령이 1938년 5월 여산부녀담화회를 열어 각계 여성 지도자를 초빙하자 등영초는 항일민족통일전선에 이바지하기 위하여 공산당 대표로 참가했고, 신생활운동부녀지도위원회에서 지도위원으로 선임되었다. 이같이 항일 기간 중 그녀는 전시고아구제회(戰時孤兒救濟會) 일과 아동보육소 건설에 힘을 다했을 뿐만 아니라 여성지도위원회를 적극적으로 지원했다. 또한 1946년, 정치협상회의에서 공산당의 7인 대표 중 유일한 여성 대표로 선발되었다.

중국 국민의 사랑을 받은 등영초

그녀는 인민공화국에서는 여러 국가 요직을 역임했는데, 부녀연합회 부주석, 중국공산당 중앙위원, 중국인민정치협상회의 전국위원회 주석 등에 선출되었다. 문화대혁명 시기 등영초는 남편과 함께 어려운 정국의 흐름을 재빠르게 파악하고 대처함으로써 최선을 다해 위험에 처한 주변 동지들을 도왔다. 그런 명석함과 판단력, 사람을 감동시키는 배려가 있었기에 통일전선이라는 어려운 과제를 지혜롭게 수행하고 모든 중국 국민의 신뢰와 사랑을 받는 '등 큰언니(鄧大姐)'로 남았을 것이다.

주은래와 등영초 부부의 동지적 결합은 그들의 사후에도 많은 일화를 남겨서 듣는 이들을 감동케 한다. 이들 부부는 단 한 명의 자식도 갖지 못했지만 순국한 혁명동지들의 자식을 7명이나 양자로 키웠으며 둘 다 특이한 유언을 남겼다.

1976년, 78세를 일기로 생애를 마친 주은래는 그의 유언장에서 추도식을 크게 벌이지 말 것과 자신의 시신을 화장하여 하늘에 뿌려 줄 것, 미망인 등영초는 아내가 아닌 전우로서 추도식에 참석해 줄 것을 당부했고, 책과 문서를 포함한 모든 재산을 당에 기증한다고 했다.

등영초 또한 1992년 89세를 일기로 타계할 때 남긴 유서에서 유해는 의학용으로 해부한 뒤 화장하고, 뼈는 보관하지 말고 뿌려 없앨 것, 자신의 저택은 기념관으로 사용하지 말고, 친인척에게는 어떠한 혜택도 주지 말 것, 수의도 새로 만들지 말고 30여 년간 입던 낡은 옷을 그냥 사용할 것을 부탁했다고 한다. 특히 "추도식 같은 것은 삼가 주십시오. 이것은 먼저 간 은래 동지와의 약속입니다"라고 썼다. 물론 모든 것은 그들의 유언대로 시행되었다.

주은래와 등영초는 부부애와 깨끗한 사생활 덕분에 중국에서 가장 사랑받는 인물로 평가되고 있다. 그들은 동지로서 결혼할 때 약속한 8호 주의를 지켰으며, 밤늦게 나랏일을 보고 돌아오는 주은래는 병약한 아내 등영초가 깰까 봐 까치발로 걸었다고 한다.

에드거 스노는 "내가 만난 중국 여성 가운데 가장 예리한 정치적 두뇌를 소유한 사람이었다"라고 등영초를 평가했다. 남편 주은래는 "아내 등영초는 열정적이고 이지적이다. 이 두 가지가 이처럼 철저하게 결합되어 있음은 정말 기적이다"라고 아내를 평가했다. 등영초는 평생을 개인보다 혁명과 인민을 먼저 생각했던 여성 혁명가이며, 열정, 성실, 검소, 겸허, 대범함으로 중국혁명과 여성해방운동의 선구적 역할을 담당한 여성 지도자의 모범이었다.

철통같은 운명을 개척한 여전사, 강극청

민며느리 강계수에서 큰언니 강극청으로

1983년 9월 북경에서는 제5회 중국여성대표대회가 열렸다. 중화전국여성연합회 주석으로서 중국 여성운동의 최고 책임자로 있는 강극청(康克淸, 1911~1992)이 등단하여 연설을 했다. 뼈대 굵은 체구, 의지가 강한 듯한 입 매무새, 다정해 보이는 밝은 표정, 얼핏 보아도 서민적인 그녀는 당시 중국 공산당 중앙위원, 중국인민정치협상회의 전국위원회 부주석 등을 겸임하고 있었다.

"최근 들어 남존여비 사조가 또다시 만연하여 결혼의 자유를 침해하고 거액의 지참금이 오가는 것은 물론, 여자아이가 태어나면 죽이고 그 어머니에게 갖은 학대를 가하고 있습니다." 단상에서 힘주어 강조하는 강극청의 눈에는 '동양식(童養媳: 어린 여아를 싼값으로 사서 아들의 배우자로 미리 정해 놓는 것으로 일종의 민며느리를 말함)'으로 자라났던 가난한 농촌 여성인 자신의 모습이 어른거리고 있었는지도 모른다.

중국 홍군(紅軍)의 뛰어난 여성 지휘관이자 여성해방운동과 아동보육에 공적을 남긴 강극청은 '강 언니(康大姐)'란 애칭으로도 불리지만, 그녀의 인생은 그렇게 따뜻한 것만은 아니었다.

강극청은 1911년 강서성 만안현(萬安縣)의 10남매를 둔 가난한 어부 강(康) 씨 집안에서 태어나 생후 40일 만에 근처의 빈농에 '동양식'으로 맡겨졌다. 그 집 아들이 죽었기 때문에 결혼하진 않았지만 그 집의 양녀가 되어 '계수(桂秀)'라고 불리었다. 양부모는 남의 토지를 경작하는 소작인이었다. 5~6세가 된 강극청은 아침 일찍 일어나 물소를 산으로 데리고 가 풀을 먹이면서 나무도 하고 산나물도 캐는가 하면, 돌아오는 길에는 산더미 같은 나무를 등에 짊어지고 소를 몰고 오는 노동을 매일같이 되풀이했다.

다행히 전족은 끝까지 마다하여 '발이 큰 여자'라는 놀림을 받았으나 큰 발은 철통같은 인생을 헤쳐 나가는 데 도움이 되었다. 강극청은 13세가 되도록 학교도 다니지 못했으며, 언제나 부엌일, 밀가루 빻기, 농사일, 짚신 만들기 등 억척같이 한 사람 몫 이상의 일을 해냈다. 옛 중국 여성들의 비극의 전형인 '동양식'으로 맡겨져, 태어나면서부터 가난과 고통 속에서 자랐지만, 강극청은 동정심이 많았으며 양보하는 정신과 밝은 성격의 소유자였다.

이처럼 노동과 빈곤으로 세월을 보내던 강극청에게 일대 전환의 계기가 된 사건은 국공합작하의 국민혁명이었다. 황포군관학교에서 여성 병사를 모집한다는 소문은 강극청의 마음을 흔들었다. 그리고 이 무렵 농촌에 농민협회가 성립되고 여성운동원이 부녀협회를 조직하려 하자 그녀는 새로운 살길을 찾았다고 생각했다. 그리고 그 준비를 맡아 상임비서가 되어 분주히 뛰어다니며 선전활동을 했다. 또 그들을 본받아 머리도 짧게 잘라 버렸다. 이에 놀란 양부모는 정색을 하고 그녀를 어서 혼인시키려 했다. 그녀는 양부모에게 "나는 절대 시집가지 않아요!"라고 이야기했고, 곧 공산주의청년단에 입단했다.

그녀는 어떻게든지 여군이 되고 싶었다. 홍군이 된다는 것은 가정의 속박에서 벗어나는 것이고, 빈곤과 민며느리의 고난에서 해방되는 것을 의미했다. 결국 그녀는 모든 걸 뿌리치며 고향을 등지고 홍군을 따라 정강산으로 들어갔다.

홍군 전사로서의 생활과 주덕 장군과의 결혼

1929년 1월, 모택동과 주덕(朱德, 1886~1976, 독일에 유학한 바 있으며 8·1 남창봉기를 지도한 홍군 창시자로 중국 최고의 군사 지도자) 등은 군사 일부를 인솔하고 산을 내려가 싸우게 했는데, 강극청도 그들을 따라서 선전활동에 참가하며 싸웠다. 정강산의 겨울은 혹독하여 온몸은 동상에 시달렸고, 게다가 적의 포위망은 더욱 그들을 괴롭혔다.

그러던 중 그해 2월 주덕의 군대가 적에게 포위되자, 우수한 조직자로 부녀조(組) 간부이며 '쌍권총의 여장군'으로 이름 높던 주덕의 아내 오약란(五若蘭)이 부상당한 채 체포되어 혹독한 고문 끝에 처형당하고 말았다. 오약란의 희생은

주덕과 강극청

강극청에게 큰 영향을 주었다.

그 후 강극청은 함께 싸우고 행진하면서 마치 편안한 시골 농부 같은 인상을 받았던 주덕에게 애정을 갖게 되었고, 군장(軍長)인 주덕의 청혼으로 마침내 그들은 간단한 혼례를 치르고 부부가 되었다. 나이도, 교육 수준도, 직위도 큰 차이가 있었지만 장애가 될 수는 없었다. 당시 주덕은 43세, 그녀는 17세로 26세나 차이가 났으며, 주덕은 네 번째 결혼이었다. 17세의 민며느리 출신 문맹 소녀가 사령관의 아내가 된다는 것은 엄청난 신분 상승이었지만, 강극청은 주덕에게 다짐했다. "나는 나의 일이 있어요. 시간을 아껴서 공부해야 해요. 내게 많은 것을 바라지 마세요."

강극청은 결혼을 했지만 안주하려 하지 않았다. 홍군 전사의 길은 강극청 스스로 선택한 삶의 지표였던 것이다. 결혼 후 주덕과 강극청은 서로 혁명동지가 되었다. 강극청은 주덕에 대해 언제나 '여보'가 아닌 '동지'라고 불렀다.

결혼 후 그들은 서로 같은 부서에서 활동했는데, 주덕은 일상생활 속에서 아내에게 명령한다든지, 주위의 신세를 지게 하는 일은 하지 않았다. 강극청은 주체적으로 선전 활동에 참가하면서 글을 배우고 이론 학습에 몰두함으로써 점차 활동가로 성장해 갔다.

공산주의 이상을 실천한 홍군 전사

1930년, 강극청은 길안(吉安)에 있는 소년학교 교장이 되었고, 1931년 11월에는 서금(瑞金)에서 열린 제1회 전국 소비에트대표대회에도 참가했으며, 그해 바로 중국공산당에 입당했다. 강극청의 꿈은 뛰어난 홍군 전사가 되는 것이었다. 그래서 그녀는 1932년에 2,000명으로 구성된 여자의용대 대장이 되어 서금에서 훈련받았으며, 홍군대학에 들어가 군사정치 훈련을 받았다. 드디어 1934년, 감주 일대의 유격대 시찰 임무를 받고 파견된 그녀는 멋지게 적을 격파했으며, 이때부터 "주덕의 아내는 강하다"라는 평판과 함께 유명해졌다. 물론 이 같은 강극청의 진보·발전에는 '사령관 주덕'의 후광도 있었겠지만, '인간 주덕'의 협조와 가르침의 덕이 더 컸다.

1934년, 국민당의 제5차 포위 공격에 못 이겨 홍군 주력부대는 '북상항일(北上抗日)'을 내걸고 장정을 떠났다. 홍군에게 굶주림과 질병은 가장 큰 위협이었으며, 많은 영웅들, 홍군 전사가 장정 도중 영원히 잠들었다. 강극청은 주덕과 함께 장국도의 분열 책동에 말려들어, 티베트에서 겨울을 넘기고 죽음의 대습지대를 세 번이나 넘은 끝에 1935년 10월 섬북 보안에서 간신히 모택동과 합류했다.

강극청은 등영초와 함께 장정에 참여한 30여 명의 강인한 여성 가운데 한 사람이었다. 그녀의 말에 따르면 대장정의 고난도 '오랜 산책'과 같은 것으로, 실제 그녀는 약한 사람들의 짐까지 짊어지고 끝까지 걸어간 억척같은 여성이었다. 연안에서는 중앙당학교와 항일군정대학에 다니며 군사지휘관의 길을 닦았다. 그리고 항일전이 시작되자 1937년 10월 주덕과 함께 전선에 도착하여 민중을 조직하고 항일 근거지를 만드는 활동에 참가하여 1938년에는 산서 동남여성구국회 주임이 되었다.

덕을 실천한 삶

1940년대 초, 유명한 정풍운동(整風運動)이 시작되자 여성 활동 방침에도 비판이 일었다. 그리하여 항일민주 과제와 여성해방의 과제를 결합시키며 여성 대중의 생활 실태에 맞는 운동을 진행하도록 하여, 생산, 보육 위생, 식자(識字: 글 가르치기) 등 세 가지 중심 과제가 해방구운동으로 진행되었다. 이 시기 주덕도 여성운동에 열심히 참가했고, 강극청도 몇 안 되는 노동여성 출신 지도자로서 여성운동의 지도부에서 빼놓을 수 없는 존재가 되었다.

1945년에는 해방구보육아동위원회의 대리주임이 되었으

강극청과 주덕 부부

며, 1949년 내전에서의 승리를 눈앞에 두고 중화전국민주여성연합회가 성립되자 강극청은 집행위원 겸 아동복지부 부장이 되었다. 여성 문제에는 관심이 없고, 아이도 낳지 않겠다고 했던 강극청이었지만, 혁명의 요청에 따라 노농(勞農) 여성 대중의 대표로 여성운동과 아동복지사업을 전 국민에게 확산시키는 일을 맡았다.

최악의 가난 속에 동양식으로 팔려간 강극청은 각고의 노력으로 주덕의 아내이면서 중국의 사회운동가로 성숙하여 중국공산당대회 대표, 전국인민대표대회 대표 및 상임위원, 인민정치협상회의 상무위원 및 부주석, 전국부녀연합회 부주석, 인민보위아동전국위원회 비서장·부주석·주석, 송경령기금회 회장, 중국아동 및 소년기금회 회장 등을 역임했다. 강극청은 이처럼 오랜 기간 군과 공직에 있으면서 홍군 지휘관과 공산당 지도자로서 공헌했고, 신중국이 건국되자 여성해방운동과 아동보육 활동에 힘써서 뛰어난 업적을 이루었다.

1976년, 남편이자 전우이고 훌륭한 지도자였던 주덕을 잃은 후 그녀는 남은 생애 16년 동안에 가장 중대한 정치적 책임을 지고 지도자로 일했다. 문화대혁명의 회오리가 지난 뒤 분열의 상처는 그녀에게도 대단히 깊은 것이어서, 1978년 제4회 전국여성대표대회에서 강극청은 문화대혁명 중에 부정되었던 이전의 여성운동 방침은 올바른 것이었다고 선언했다.

강극청은 중국 농촌에 뿌리를 두고, 혁명의 와중에서 불굴의 정신과 노력으로 81년의 생애를 꿋꿋하게 살아오면서 노동 존중, 인민 사랑, 실사구시의 태도 그리고 봉사, 배려, 절약, 검소를 실천했다. 대지의 딸 강극청의 생애는 자신의 손으로 철통같은 운명을 개척해 나간 대표적인 예로서 그녀의 강인한 의지와 노력은 우리들에게 뭉클한 감동을 준다.

모택동의 후광을 업고 여제를 꿈꾼 여배우, 강청

기득권에 도전한 여전사

1966년부터 1976년까지 10년간 중국 대륙에서 문화대혁명이 진행되는 동안 강청(江靑, 1914~1991)은 남편인 모택동의 후광을 업고 권력의 행사자로, 정책의 조정자로 활동했다. 강청은 여성 정치지도자로 확고한 지위를 차지했지만, 그녀에 대한 평가는 극단적으로 엇갈린다.

그녀의 정적들은 그녀를 부도덕하고 탐욕스러우며 복수심에 눈이 먼 여자라고 매도한다. 반면 혁명노동자들은 그녀를 여성 혁명투사로 존경한다. 그럼 여기서 강청이 정치무대에 등장하게 된 배경과 어떻게 기득권에 도전하며 권력을 행사했는지 그녀의 삶을 추적해 보자.

강청은 1914년 산동성 제성현(諸城縣)에서 출생했다. 어릴 때 이름은 이진해(李進孩)였으며, 후에 이운학(李雲鶴)으로 바꾸었다. 부친 이덕문(李德文)은 산동성 지주로서 현성에서 나무공방을 경영했고, 어머니 이란씨(李欒氏)는 이덕문의 둘째 부인으로 첩이었다.

이진해의 어릴 적 에피소드가 있다. 그녀의 동네에 단운전(單雲田)이라는 아이가 있었는데, 어느 날 함께 싸우며 놀다가 이진해를 보고, "넌 첩의 자식이야! 누가 모를 줄 아냐? 너희 집에는 전부 나쁜 사람들뿐이야!"라고 놀렸다. 원한을 품은 이진해는 경찰이던 이복오빠 이건훈을 시켜 단운전의 집안을 풍비박산을 내 버렸다. 그 후 동네 아이들은 그녀를 무서워하며 피해 다닐 정도였다. 그러나 그녀는 남편으로부터 매 맞고 쫓겨난 엄마와 함께 가난하고 힘든 시절을 보내야 했다.

1921년 여름, 소학교에 입학할 때, 교장 선생님이 강청의 키가 크고 두 다리가 가늘고 긴 것을 보고는 그녀에게 이운학(李雲鶴)이라는 학명을 붙여 주었다고 한다. 그 후 강청은 제남, 청도, 상해에서 '장숙정(張淑貞)'이라는 이름을 사용했으며, 상해탄(上海灘)에서 영화회사에 들어갈 때는, '남빈(藍

배우 시절의 강청

蘋)'으로 개명했다. 그녀는 연극을 좋아해서 순회극단에 들어간 후 산동성립실험극원(山東省立實驗劇院)에서 노래와 연기를 배웠다. 남빈은 163센티미터의 키와 균형 잡힌 날씬한 몸매에 얼굴도 예뻤으며, 잘 웃고 명랑하며 호기심이 많은 적극적인 성격으로 남성들의 시선을 끌었다.

당시 20세가 안 된 그녀는 이미 급진적인 정치가 황경(黃敬)과 동거하면서 반일학생운동에 참여했고, 1932년에는 좌익극작가연맹에 가입했으며, 이어서 공산당 하급당원으로 입당했다. 1934년에는 상해로 가서 좌익연극운동에 참가하며 여배우 남빈으로 영화나 연극에 출연했는데, 『인형의 집』의 여주인공 노라를 연기하여 호평을 받으며 21세의 나이로 다소 유명세를 탔다.

그녀는 청도와 상해에서 활동할 때 몇 차례 동거와 결혼을 했는데, 황경 집안의 반대로 그와 헤어진 후에 두 번째 남편이었던 영화평론가 당납(唐納)과 살고 있었다. 그러나 특히 연출가 장민(章泯)과 벌어진 삼각관계는 큰 스캔들로 번졌다. 그녀는 당납의 명성을 이용해 영화계 스타가 되려 했으나 뜻을 이루지 못했다. 그래서 당납과 이혼 후 기혼남 장민과 동거했는데, 결국 미인계를 쓴다는 비판이 일자 상해에서 설자리를 잃고 실의에 빠지게 되었다.

정상을 향하는 강청 – 모택동과 결혼하다

노구교 사건 발생 이후 그녀는 1937년 8월 국면 전환을 꾀해 공산당 해방구였던 연안으로 갔다. 거기서 혁명투쟁에 문화사업을 연결시키고 싶었다. 그녀는 다시 이름을 강청이라고 개명하고, 이후 모택동과의 역사적 만남이 이루어진다. 이름의 유래는 당시(唐詩) 「상령고슬(湘靈鼓瑟)」에 나오는 '강상수봉청(江上數峰靑)'에서 딴 것이었다. 연안에서 그녀는 중국중앙당교에 입학했고, 나아가 노신예술학원 희극교사도 하면서 현대극 「짓밟힌 여인」과 경극(京劇) 「지주를 살해한 어부」 등에서 여주인공 역을 맡아 호평을 받았다.

강청의 연기에 반한 모택동은 당시 병을 치료하러 모스크바에 가 있던 둘째 부인 하자진(賀子珍)과 인연을 끊고 1938년에 강청과 결혼하기로 결심했다. 그러자 중국공산당 중앙정치국의 최고 간부들은 강청이 정치 경력이 없고 배우로서 자유분방한 생활을 했던 것을 경멸했다. 그래서 당은

모택동과 강청

이 결혼을 승인하는 조건으로 강청에게 20년 동안 당의 직책을 맡지 말고, 정치에 참여해서는 안 되며, 오직 가정주부로서 모택동을 보좌할 것을 요구했다. 그해 11월, 24세의 강청은 21세 연상의 모택동과 결혼했으며, 1940년에 딸 이눌(李訥)을 낳았다.

인민공화국 성립 후 강청은 중국공산당 중앙선전부 문예처 부처장이 되어 처음 당내 공식적인 직함을 갖게 되었다. 1950년대에는 영화「청궁비사(淸宮秘史)」「무훈전(武訓傳)」 등이 반동적이고 매국적이라 비평하고, 홍루몽 연구 권위자인 북경대 교수 유평백(兪平伯)에 대한 비판운동에도 앞장섰다. 비판운동은 강청이 시작했지만 모택동의 권위로 승리할 수 있었다. 이후 강청은 자궁암으로 투병생활을 했고, 모택동의 많은 여자 편력으로 보아 자기를 버릴지도 모른다는 두려움 속에 신경쇠약에 걸렸다. 병이 회복된 후 강청은 중국공산당 중앙선전부 문예처 부처장, 문화부 영화국 고문으로서 1961년부터 문학과 예술의 개조운동에 나섰다. 1960년대에는 혁명을 주제로 한 현대 경극의 창작을 장려하여 모택동 사상을 기준으로 1,300개 이상의 경극 제목과 각본을 심사했다. 이후 혁명모범극 「양판희(樣板戲)」의 탄생을 지원하면서 경극 혁명의 기수로 행세했고, 이념적 지배권 장악을 위한 예술 방면 개혁을 모택동에게 설명하고 설득하였다. 이로써 이후 강청은 중국의 문화와 예술계를 장악했다.

문화대혁명의 조타수가 된 강청

모택동은 제2의 혁명으로 탈권(奪權)을 위한 계급투쟁을 시작하기로 결심하고, 자기의 유일한 지지 기반인 대중과 직접 접촉을 시도했다. 모택동은 강청을 정치 대리인으로 내세웠고, 그녀는 이 혁명운동에 적극 참여하여 투쟁을 지도했으니 이른바 문화대혁명이다. 79세의 모택동은 당 지도부에 대한 도전과 전투의 시작으로 1966년 7월 16일 양자강에서 수영을 했고, 이틀 뒤 그는 정치 무대에서 문화대혁명을 지시했던 것이다.

1966년 문화대혁명이 시작되자 강청은 중앙문혁소조 부조장(副組長)으로서 정치의 표면에 등장하였다. 홍위병에게 모택동의 메시지를 전하는 역할을 연출하여 '기수(旗手)'라고 불렸고, 1969년에는 여성으로서는 처음으로 중국공산당 중앙정치국 위원이 되어 명실공히 손안에 권력을 쥐었다. 강청과 문화대혁명 소조는 막강한 권력을 갖게 되고 모택동을 포함한 그 누구도 그녀를 중단시킬 수 없었다. 문화대혁명을 이끈 강청, 장춘교, 왕홍문, 요문원 등 '4인방'은 원로 간부들 중 가장 먼저 주은래를 제거하기 위하여 공격하기 시작했다. 그들이 임표를 비판하고 공자를 비판한다는 '비림비공(批林批孔)'운동을 일으킨 것은 '주은래'를 현대판 공자라고 비판하기 위한 것이었다. 또한 당(唐)의 여제 무측천을 재평가하려는 캠페인 등 모두를 직접 조종하면서 중국 사회를 소용돌이 속으로 몰아갔다.

강청 일당은 곳곳에서 원로 간부들을 끌어내어 투쟁하고, 파벌을 만들어 싸우게 했으니 지방 곳곳에서 '전쟁의 불꽃'이 타올라 생산이 감소되고 업무가 마비되었으며 경제는 침체되었다. 모택동이 자중하라고 간곡히 부탁했지만. 강청은 귀를 기울이지 않고 사사건건 트집을 잡았으며, 그녀의 질투심과 허영심은 사람들의 상상을 초월했다. 결국 그녀가 이끈 문혁은 중국 사회의 발전을 20년 이상 후퇴시켰다.

붉은 여제 강청의 몰락

10년간 계속된 문화대혁명의 소용돌이는 모택동의 사망으로 끝이 났다. 1976년 9월 9일, 모택동이 사망하자 정치위원회의 분위기는 완전히 바뀌었다. 강청에게 대단한 존경을 표시했던 정치위원회는 빠르게 강청과 강청의 동료에게 등을 돌렸다. 모택동이 사망한 지 1개월 후 하늘을 찌를 듯한 권력자로 자처하던 강청, 요문원 등 '4인방'은 체포당해 반혁명집단으로서 재판을 받게 된다. 1981년에는 사형 판결(집행유예 2년)을 받았으나, 1983년 무기징역형으로 감형되었다.

그런 와중에 1991년 3월 15일, 강청은 마지막으로 자신의 이름을 바꿨다. 이때 강청은 이미 암으로 인해 보석을 받아 외부 병원에 있었다. 이때 그녀는 이윤청(李潤靑)이라는 이름을 사용했다. 이것은 그녀가 모택동과의 혼인을 그리워하는 것을 다시 한 번 표현한 것으로 볼 수 있다. '이'는 강청의 원래 성이며, '윤'은 모택동이 초기에 사용했던 자(字) 윤지(潤之)에서 따온 것이고, '청'은 강청의 청이다.

미국 하버드 대학의 페어뱅크 센터(Fairbank Center) 교수인 트리어(R. Trier)는 『강청전서』에서 이렇게 서술했다.

"1991년 5월 14일 새벽 3시 30분, 간호사 한 명은 강청이 화장실 욕조 위에 목을 매어 죽은 것을 발견하였다. 일찍이 연기자, 정치가, 문예여왕 및 모택동의 부인이라는 신분을 한 몸에 가지고 있던 강청은 77세의 나이에 자살함으로써 파란만장한 생을 마쳤다."

강청은 난관을 극복할 줄 아는 강한 의지의 소유자였으며, 목적을 달성하기 위해서는 자신을 내던지는 야심 찬 여성이었다. 영화배우가 되기 위해서, 또 정권의 정상에 오르기 위해서 그녀는 수단과 방법을 가리지 않았다. 모택동의 최측근으로 정권을 다시 장악하기 위한 문화대혁명의 발동에 기여하면서 강청은 정치 무대에서 활발하게 활동했으며,

모택동 사망 후 재판정에 선 강청

그녀의 정적들에게 모욕을 주고 타도했다.

그러나 모택동은 강청에게 권력을 물려주지 않았다. 모택동은 강청이 그의 사상을 계승하고 그의 과업을 함께 수행했지만, 국가를 경영할 수 있는 능력이 부족하고 통치의 법칙을 모른다고 생각했다. 모택동은 강청의 한계를 잘 알고 있었다. 그녀는 불을 붙이는 재주는 있지만 큰 불을 취급하거나 꺼 버릴 줄은 모른다고 보았던 것이다.

문화대혁명기에 강청은 운동을 빌미로 사사로운 원한을 사악하게 풀기도 하여 민중의 원한을 샀지만, 그녀를 비판하는 의견 가운데는 옛날부터 이어져 온 중국의 여성혐오도 느껴진다. 또한 '4인방'이 악의 화신으로서, 모택동이나 당 조직으로 향할 수밖에 없는 비판까지도 대신 짊어져야 했던 측면도 부정할 수 없을 것이다.

참고문헌

『明史』卷一百十三　列傳第一　后妃一「太祖孝慈高皇后」, 景仁文化社, 1976년 판.

『魏書』卷十三　列傳第一　皇后「文成文明皇后馮氏」, 景仁文化社, 1976년 판.

구성희, 『한 권으로 읽는 중국여성사』, 이담, 2012.

김희영, 『이야기 중국사 1·2·3』, 청아출판사, 1996.

노령(盧玲), 이은미 옮김, 『중국 여성』, 시그마북스, 2008.

사마천, 정진범 외 옮김, 『史記 本紀』, 까치, 1994.

스털링 시그레이브(Sterling Seagrave), 윤석인 옮김, 『宋家別曲』, 동지, 1992.

신채식, 『東洋史槪論 (개정판)』, 삼영사, 2006.

심규호, 『연표와 사진으로 보는 중국사』, 일빛, 2003.

양은록, 한민영 옮김, 『붉은 여황 江靑』, 화서당, 2003.

엘리자베스 크롤(Elisabeth J. Croll), 김미경·이연주 옮김, 『中國女性解放運動』, 사계절, 1985.

오노가즈코(小野和子), 이동윤 옮김, 『현대중국 여성사』, 정우사, 1985.

윤혜영, 『쉬광핑: 루쉰의 사랑, 중국의 자랑』, 서해문집, 2008.

이스라엘 엡스타인(Israel Epstein), 이양자 옮김, 『20세기 중국을 빛낸 위대한 여성, 송경령 上,下』, 한울, 2001.

이양자, 『송경령 연구』, 일조각, 1998.

이양자 외, 『중국 근대화를 이끈 걸출한 여성들』, 지식산업사, 2006.

이양자 외, 『중국 근현대 주요 인물연구』, 부산대학교출판부, 2009.

이양자 편역, 『송경령과 하향응』, 신지서원, 2000.

이자운(李子云)·진혜분(陳惠芬)·성평(成平), 김은희 옮김, 『렌즈에 비친 중국여성 100년사』, 어문학사, 2011.

이홍(李虹) 외, 이양자·김형열 옮김, 『주은래와 등영초』, 지식산업사, 2006.

이화여대중국여성사연구회 편, 『중국여성, 신화에서 혁명까지』, 서해
　　문집, 2005.
일본중국여성사연구회, 이양자·김문희 옮김, 『사료로 보는 중국여성
　　사 100년』, 한울, 2010.
장융(張戎)·존 할리데이(John Halliday), 이양자 옮김, 『송경령 평전』,
　　지식산업사, 1992.
장융, 노혜숙 옮김, 『대륙의 딸』(11판), 대흥, 1996.
전해종·함홍근 감수 집필, 『칼러판 大世界의 歷史』, 삼성출판사,
　　1972.
중국여성사연구회 편, 임정후 옮김, 『중국여성해방운동의 선구자들』,
　　한울림, 1985.
중화전국부녀연합회 편, 전동현·차경애·박지군 옮김, 『中國婦女運
　　動史(上,下)』, 한국여성개발원, 1991.
진동원(陳東原), 송정화·최수경 옮김, 『중국, 여성 그리고 역사』, 박이
　　정, 2005.
진정일(陳廷一), 이양자 옮김, 『송미령 평전』, 한울, 2004.
프리츠 모이러(Fritz Meurer), 월간중앙 편집부 옮김, 『江靑傳; 毛澤東
　　을 움직이는 여인』, 월간중앙 1976년 5월호 부록.

金鳳, 『鄧穎超傳』, 인민출판사, 1993.
尙明軒, 『何香凝傳』, 북경출판사, 1994.
尙明軒·唐寶林, 『宋慶齡傳』, 북경출판사, 1992.
上海魯迅記念館 편, 『許廣平紀念集』, 백가출판사, 2000.
葉永烈, 『江靑實錄』, 이문출판사, 1993.
王燦芝 편, 『秋瑾女俠遺集』, 대북중화서국, 1976.
張洁洵 주편, 朱敏 외, 『偉大的愛康克淸與孩子們』, 호남소년아동출
　　판사, 1994.
中華全國婦女聯合會 편, 『蔡暢, 鄧穎超, 康克淸, 婦女解放問題文
　　集 1938~1987』, 인민출판사, 1988.
何虎生·于澤俊 편, 『宋美齡大傳』, 화문출판사, 2002.

Emily Hahn, 『The Soong Sisters, Garden City』, New York, 1943.
Helen Foster Snow, 『Women in Modern China』, The Hague Mouton&Co., 1967.

역사를 움직인 중국 여성들

| 펴낸날 | 초판 1쇄 2014년 7월 31일 |
| | 초판 2쇄 2015년 7월 10일 |

지은이	이양자
펴낸이	심만수
펴낸곳	(주)살림출판사
출판등록	1989년 11월 1일 제9-210호

주소	경기도 파주시 광인사길 30
전화	031-955-1350 팩스 031-624-1356
기획·편집	031-955-4671
홈페이지	http://www.sallimbooks.com
이메일	book@sallimbooks.com

| ISBN | 978-89-522-2903-8 04080 |

이 도서의 국립중앙도서관 출판시도서목록(CIP)은 서지정보유통지원시스템 홈페이지
(http://seoji.nl.go.kr)와 국가자료공동목록시스템(http://www.nl.go.kr/kolisnet)에서
이용하실 수 있습니다.(CIP제어번호: CIP2014021700)

| 책임편집 | 박종훈 |

085 책과 세계

강유원(철학자)

책이라는 텍스트는 본래 세계라는 맥락에서 생겨났다. 인류가 남긴 고전의 중요성은 바로 우리가 가 볼 수 없는 세계를 글자라는 매개를 통해서 우리에게 생생하게 전해 주는 것이다. 이 책은 역사라는 시간과 지상이라고 하는 공간 속에 나타났던 텍스트를 통해 고전에 담겨진 사회와 사상을 드러내려 한다.

056 중국의 고구려사 왜곡　　eBook

최광식(고려대 한국사학과 교수)

중국의 고구려사 왜곡의 숨은 의도와 논리, 그리고 우리의 대응 방안을 다뤘다. 저자는 동북공정이 국가 차원에서 진행되는 정치적 프로젝트임을 치밀하게 증언한다. 경제적 목적과 영토 확장의 이해관계 등이 복잡하게 얽혀 있는 동북공정의 진정한 배경에 대한 설명, 고구려의 역사적 정체성에 대한 문제, 고구려사 왜곡에 대한 우리의 대처방법 등이 소개된다.

291 프랑스 혁명　　eBook

서정복(충남대 사학과 교수)

프랑스 혁명은 시민혁명의 모델이자 근대 시민국가 탄생의 상징이지만, 그 실상을 아는 사람은 많지 않다. 프랑스 혁명이 바스티유 습격 이전에 이미 시작되었으며, 자유와 평등 그리고 공화정의 꽃을 피기 위해 너무 많은 피를 흘렸고, 혁명의 과정에서 해방과 공포가 엇갈리고 있었다는 등의 이야기를 통해 프랑스 혁명의 실상을 소개한다.

139 신용하 교수의 독도 이야기　　eBook

신용하(백범학술원 원장)

사학계의 원로이자 독도 관련 연구의 대가인 신용하 교수가 일본의 독도 영토 편입문제를 걱정하며 일반 독자가 읽기 쉽게 쓴 책. 저자는 역사적으로나 국제법상으로 실효적 점유상으로나, 어느 측면에서 보아도 독도는 명백하게 우리 땅이라고 주장하며 여러 가지 역사적인 자료를 제시한다.

144 페르시아 문화

eBook

신규섭(한국외대 연구교수)

인류 최초 문명의 뿌리에서 뻗어 나와 아랍을 넘어 중국, 인도와 파키스탄, 심지어 그리스에까지 흔적을 남긴 페르시아 문화에 대한 개론서. 이 책은 오랫동안 베일에 가려 있던 페르시아 문명을 소개하여 이슬람에 대한 편견과 오해를 바로 잡는다. 이태백이 이란계였다는 사실, 돈황과 서역, 이란의 현대 문화 등이 서술된다.

086 유럽왕실의 탄생

김현수(단국대 역사학과 교수)

인류에게 '예술과 문명' 그리고 '근대와 국가'라는 개념을 선사한 유럽왕실. 유럽왕실의 탄생배경과 그 정체성은 무엇인가? 이 책은 게르만의 한 종족인 프랑크족과 메로빙거 왕조, 프랑스의 카페 왕조, 독일의 작센 왕조, 잉글랜드의 웨섹스 왕조 등 수많은 왕조의 출현과 쇠퇴를 통해 유럽 역사의 변천을 소개한다.

016 이슬람 문화

이희수(한양대 문화인류학과 교수)

이슬람교와 무슬림의 삶, 테러와 팔레스타인 문제 등 이슬람 문화 전반을 다룬 책. 저자는 그들의 멋과 가치관을 흥미롭게 설명하면서 한편으로 오해와 편견에 사로잡혀 있던 시각의 일대 전환을 요구한다. 이슬람교와 기독교의 관계, 무슬림의 삶과 낭만, 이슬람 원리주의와 지하드의 실상, 팔레스타인 분할 과정 등의 내용이 소개된다.

100 여행 이야기

eBook

이진홍(한국외대 강사)

이 책은 여행의 본질 위를 '길거리의 철학자'처럼 편안하게 소요한다. 먼저 여행의 역사를 더듬어 봄으로써 여행이 어떻게 인류 역사의 형성과 같이해 오는지를 생각하고, 다음으로 여행의 사회학적 · 심리학적 의미를 추적함으로써 여행에 어떤 의미를 부여할 것인가에 대해 말한다. 또한 우리의 내면과 여행의 관계 정의를 시도한다.

293 문화대혁명 중국 현대사의 트라우마 eBook

백승욱(중앙대 사회학과 교수)

중국의 문화대혁명은 한두 줄의 정부 공식 입장을 통해 정리될 수 없는 중대한 사건이다. 20세기 중국의 모든 모순은 사실 문화대혁명 시기에 집약되어 있다고 해도 과언이 아니다. 사회주의 시기의 국가 · 당 · 대중의 모순이라는 문제의 복판에서 문화대혁명을 다시 읽을 필요가 있는 지금, 이 책은 문화대혁명에 대한 안내자가 될 것이다.

174 정치의 원형을 찾아서 eBook

최자영(부산외국어대학교 HK교수)

인류가 걸어온 모든 정치체제들을 매우 짧은 기간 동안 시험하고 정비한 나라, 그리스. 이 책은 과두정, 민주정, 참주정 등 고대 그리스의 정치사를 추적하고, 정치가들의 파란만장한 일화 등을 소개하고 있다. 특히 이 책의 저자는 아테네인들이 추구했던 정치방법이 오늘 우리 사회가 당면한 문제를 해결할 수 있는 지혜의 발견에 도움을 줄 수 있을 것이라고 말한다.

420 위대한 도서관 건축순례 eBook

최정태(부산대학교 명예교수)

이 책은 도서관의 건축을 중심으로 다룬 일종의 기행문이다. 고대 도서관에서부터 21세기에 완공된 최첨단 도서관까지, 필자는 가능한 많은 도서관을 직접 찾아보려고 애썼다. 미처 방문하지 못한 도서관에 대해서는 문헌과 그림 등 가능한 많은 정보를 수집하려 노력했다. 필자의 단상들을 함께 읽는 동안 우리 사회에서 도서관이 차지하는 의미에 대해 다시 생각하게 된다.

421 아름다운 도서관 오디세이 eBook

최정태(부산대학교 명예교수)

이 책은 문헌정보학과에서 자료 조직을 공부하고 평생을 도서관에 몸담았던 한 도서관 애찬가의 고백이다. 필자는 퇴임 후 지금까지 도서관을 돌아다니면서 직접 보고 배운 것이 40여 년 동안 강단과 현장에서 보고 얻은 이야기보다 훨씬 많았다고 말한다. '세계 도서관 여행 가이드'라 불러도 손색없을 만큼 풍부하고 다채로운 내용이 이 한 권에 담겼다.

eBook 표시가 되어있는 도서는 전자책으로 구매가 가능합니다.

㈜살림출판사
www.sallimbooks.com
주소 경기도 파주시 문발동 522-1 | 전화 031-955-1350 | 팩스 031-955-1355